ACORDANDO

TÃO IMPORTANTE QUANTO SOBREVIVER À CRISE
É SABER O QUE FAZER NA HORA DA RETOMADA

GIGANTES

Coordenação
Rosimeire Raven

Edição e revisão
Razzah Publishers

Capa
Rosimeire Raven

Projeto gráfico e diagramação
Razzah Publishers

ISBN
978-65-87008-00-7

Dados Internacionais de Catalogação na Publicação (CIP)
(Câmara Brasileira do Livro, SP, Brasil)

Luppa, Luis Paulo
Acordando gigantes : você tem um plano para a sua retomada? : siga as 40 leis do novo código da vida / Luis Paulo Luppa ; prefácio de João Kepler. -- Cotia, SP : Editora Resultado, 2020.

ISBN 978-65-87007-00-7

1. Administração de crise 2. Autoaceitação 3. Autoconhecimento 4. Conduta de vida 5. Desenvolvimento pessoal 6. Desenvolvimento profissional 7. Sucesso 8. Superação I. Kepler, prefácio de João. II. Título.

20-35706 CDD-650.1

Índices para catálogo sistemático:

1. Sucesso : Desenvolvimento pessoal : Administração 650.1

Cibele Maria Dias - Bibliotecária - CRB-8/9427

LUIS PAULO LUPPA
AUTOR DO BEST-SELLER *O VENDEDOR PIT BULL*

ACORDANDO GIGANTES

TÃO IMPORTANTE QUANTO SOBREVIVER À CRISE
É SABER O QUE FAZER NA HORA DA RETOMADA

PREFÁCIO DE JOÃO KEPLER
o melhor investidor-anjo do Brasil

EDITORA RESULTADO

São Paulo
2020

DEDICATÓRIA

Imagine uma pessoa que às 6h da manhã está na piscina treinando, depois vai para a musculação, faz pilates, toma banho, almoça e depois vai para o seu ateliê todos os dias.

Há pouco mais de dois anos, essa vida foi interrompida por um brutal AVC que a colocou 37 dias em uma unidade de tratamento intensivo, rendeu três cirurgias e a paralisia total do lado esquerdo do seu corpo.

Quando ela abriu os olhos, estava numa cadeira de rodas.

E, no dia seguinte, estava na primeira hora do dia fazendo a sua primeira sessão de fisioterapia e outras coisas mais.

Fono, terapias, psicólogos e tudo que você possa imaginar, *todos os dias*. Entra em carro, sai de carro, monta cadeira de rodas, desmonta. Faça chuva, faça sol, ela nunca falta às suas sessões.

Uma **GIGANTE** que impressiona pela força, pela determinação e pelas inevitáveis lágrimas que escorrem do seu rosto de dor dos exercícios.

Essa **GIGANTE** é a minha mãe, a quem eu dedico este livro e tudo o que puder na minha vida.

SUMÁRIO

SUMÁRIO

SUMÁRIO

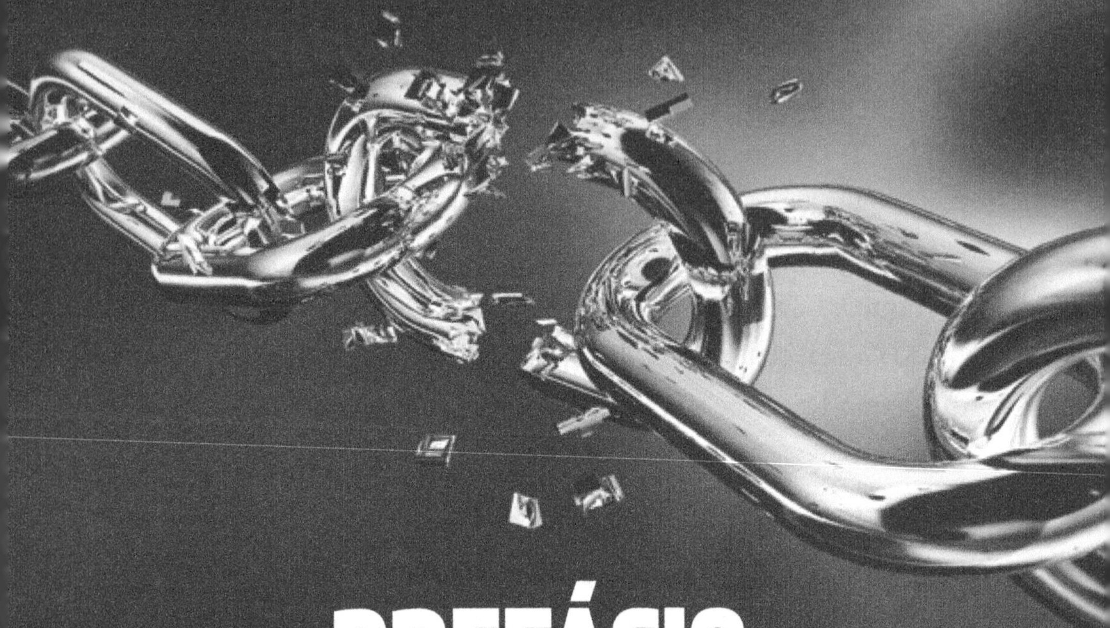

PREFÁCIO

O mundo, tal como o conhecíamos, nunca mais será o mesmo. Fomos "obrigados" a mudar de forma brusca e sem precedentes na história moderna. No geral, apesar de todo o processo ter sido doloroso para todos nós, também foi positivo. Nunca foi tão necessário aprender na prática o poder da resiliência. A capacidade de se reinventar e de buscar novos meios para fazer coisas antigas também ganhou força e mostrou a muitos que tudo na vida é norteado pela vontade e que a distância que existe entre fazer ou não alguma coisa só é vencida quando essa "coisa" se torna uma prioridade.

E não se pode abrir mão de tudo que é primordial. Com toda essa crise pela qual passamos, e que ainda se refletirá durante um bom tempo em nossas vidas, ficou evidente a força mais primitiva do homem: a luta pela sobrevivência. Unidos em prol de um bem muito maior do que já havíamos experimentado, formamos uma legião de verdadeiros guerreiros que encontraram forças em suas próprias dores e mazelas para enfrentar um inimigo invisível.

Aprendemos, então, em um curto espaço de tempo, a nos tornarmos antifrágeis. Quando o frágil sofre um impacto externo, ele se quebra; o robusto resiste a esses impactos. Já o antifrágil, além de resistir ao extremo, melhora quando sofre esse impacto. Note o quanto esse conceito é forte! Nós nos tornamos antifrágeis apenas, e se, resistirmos aos impactos avassaladores. Mais que resistir, é conseguir — inclusive — melhorar após esse advento.

E é disso que *Acordando Gigantes* trata em sua essência, do fato de que, mesmo em meio ao caos ou a uma crise, é um enorme diferencial descobrir e potencializar o poder da mente de forma a despertar para a evolução, que precisa ser contínua e abrangente. Através de 40 leis muito bem formuladas e embasadas em suas experiências e estudos, o autor direciona os leitores rumo "ao poder da retomada depois do isolamento".

Intituladas como as "40 Leis do Novo Código da Vida e dos Negócios", as dicas abordam o reconhecimento, a aceitação e a superação das próprias limitações, além de apresentarem de forma prática e direta o fato de que velhos hábitos não abrem novas portas, principalmente nos dias de hoje — no novo mundo que está em processo de construção.

Particularmente, quem me acompanha sabe que gosto bastante desse formato de lições, em tópicos. Tanto que, recentemente, quando completei 51 anos, escrevi as minhas 51 lições, e, de certa forma, este livro traz alguns desses aprendizados de forma estruturada e aprofundada. Inclusive, é interessante observar que, lendo esta obra, acabei aprendendo um pouco mais e parei para refletir sobre tópicos que com certeza aplicarei no meu dia a dia.

E este é um ponto que merece ser destacado sempre: o poder de um bom livro. Essas obras são capazes de mudar nossa visão sobre o mundo e sobre nós mesmos. Neste caso em específico, *Acordando Gigantes* me fez refletir, inclusive, sobre a minha forma de lidar com os meus negócios.

São as experiências e a maturidade que nos permitem enfrentar os maiores desafios de forma consciente e mais segura. E, ao longo da vida, é inevitável que várias reflexões e autoavaliações aconteçam; afinal, nada é mais poderoso do que o autoconhecimento e a autoaceitação, não apenas para evoluirmos, mas principalmente para entendermos realmente quem somos, nossas limitações, comportamentos e pontos fracos e fortes.

Em cada fase, somos moldados por novas descobertas, pelos nossos sucessos e fracassos, em todas as áreas. Já pensei saber tudo, já tive certeza de que o mundo era pequeno para o que eu já conhecia, já me decepcionei e quebrei a cara, já recomecei inúmeras vezes, e, acima de tudo, nunca perdi a paixão nem desisti daquilo em que eu acreditava.

Hoje, tenho a sensação de que falta muito ainda para aprender e reaprender. E *Acordando Gigantes* se encaixa perfeitamente nesse contexto, afinal, a leitura desta obra se faz essencial para aqueles que buscam compreender o ponto em que paramos e vislumbrar o que está por vir.

Não à toa, Luppa tem inspirado milhões de pessoas. Sua percepção aguçada, atrelada à experiência de mercado, fez com que ele se tornasse um verdadeiro e legítimo especialista em aceleração de vendas e em transformação de negócios. Palestrante há mais de dez anos, tornou-se reconhecido pelo desenvolvimento de uma abordagem de alto impacto para ensinar, aprender e facilitar. São mais de vinte livros escritos por ele e mais de dois milhões de exemplares vendidos até aqui, destacando-se o best-seller *O Vendedor Pit Bull*, presente em mais de trinta países.

Impactar pessoas verdadeiramente não é uma tarefa fácil. O que vemos hoje no mercado são muitos especialistas de tudo, mas que, no fundo, não têm o que agregar à vida das outras pessoas. Luis Paulo Luppa já treinou mais de um milhão de pessoas em doze países e acumulou diversos prêmios, entre eles, o de excelência em treinamento de vendas, personalidade do ano de RH, palestrante revelação do Brasil e palestrante internacional Brasil–Japão. São mais de 32 DVDs de treinamento empresarial.

Por toda a sua trajetória como vendedor, que começou em 1980, e pela similaridade das nossas ideias e escolhas, realmente acredito que *Acordando Gigantes* será mais um de seus sucessos; afinal, já fomos despertados enquanto nação, agora precisamos direcionar nossas forças e nosso foco para evoluirmos e construirmos um novo mundo — ainda mais forte e preparado.

João Kepler

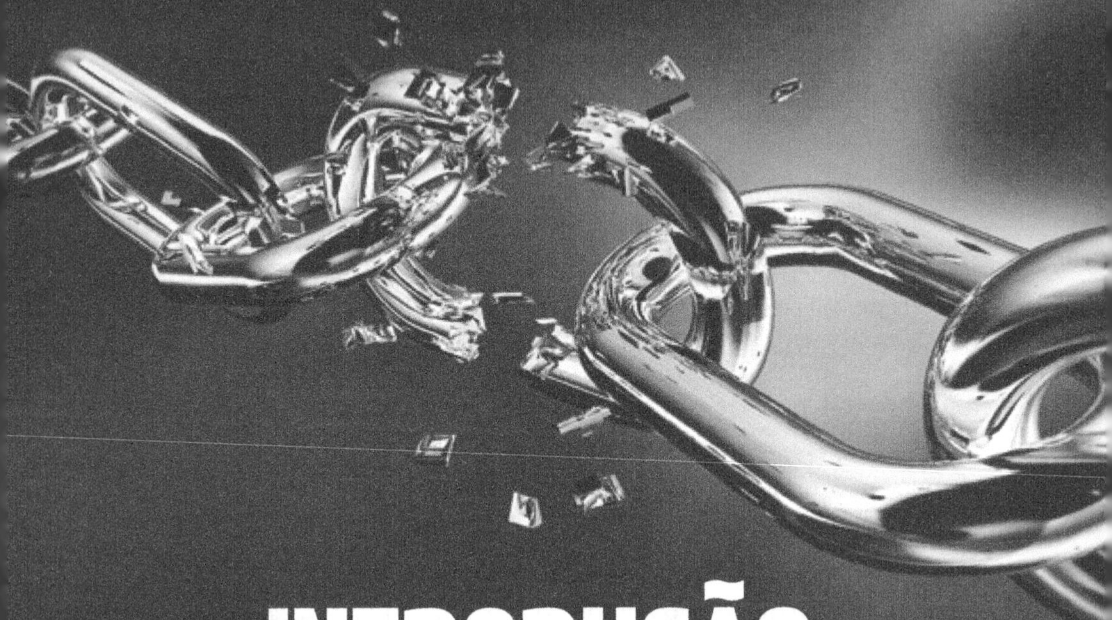

INTRODUÇÃO

Eu bem que tentei, mas não consegui.

Sempre vivi grande parte da minha vida dentro de um avião e outra parte dormindo em hotéis pelo mundo.

Isso não é muito difícil de entender, porque sou vendedor por essência, me tornei palestrante internacional e empresário com atuação global. Eu fugia dos aeroportos, e eles vinham atrás de mim.

Enfim, não posso reclamar de nada, eu lutei e me dediquei muito, e a vida foi bastante generosa comigo.

Viajei muitas vezes a muitos países e cidades, e pensa em um lugar a que eu não fui por opção: a China.

Não tenho nada contra os chineses, mas havia dois fatores que me incomodavam: um incomodava pouco e outro incomodava muito.

Ser bem longe me incomodava pouco; mas aquele mercado livre, totalmente a céu aberto, que eles chamam de mercado molhado, vendendo aqueles animais vivos e mortos, isso, sim, me incomodava e muito.

Como é que aquilo ainda é permitido?

Fruto de uma derrocada do partido comunista na década de 1970, a China viabilizou com grandes empresas a distribuição de carne de porco, boi e de frango. Então os pequenos empresários e comerciantes ficaram encurralados economicamente e, sem saída, começaram a vender animais como morcego, rato, cobra, macaco, gato, cachorro e por aí vai.

Agora você imagine isso tudo a céu aberto. No mínimo, um festival de produção de vírus!

Não há muralha que resista.

E aí, lá vem mais um vírus da China, o tal do coronavírus... um vírus altamente contagioso, transmissível, mas também curável, principalmente em relação ao público jovem.

Em um prazo de sete anos, foram cinco vírus oriundos de lá.

Mas, junto com esse corona, veio um outro vírus extraordinariamente poderoso: o pânico.

Em muito pouco tempo, a histeria e o desespero tomaram conta do mundo. Enquanto isso, no Brasil... é Carnaval!

E como aqui tudo só acontece depois do Carnaval, foi a partir daí que o tal vírus ficou famoso.

As pessoas começaram a ser bombardeadas pela mídia, e as notícias, que já não eram nada otimistas, contaminaram de vez a população.

Otimismo não vende, o que vende é desgraça, terror, pânico, medo, perigo, desespero, tragédia... E aí, meu amigo, a mídia, na sua grande maioria, não perderia essa chance.

Como já é da natureza do ser humano, o jogo começou com o perfil primário dos jogadores:

- OBSERVAR
- CRITICAR
- JULGAR

Assim são as pessoas na sua grande maioria, quando na realidade deveriam ter um perfil definido pelas seguintes características:

- COMPREENDER
- SER ATIVO, E NÃO REATIVO
- SER SOLIDÁRIO
- FOCAR A RELAÇÃO, NÃO O USO

Mas, quem sabe, evoluiremos...

A mídia, sem dados concretos e com estatísticas recentes demais, começou a dar voz a quem realmente interessava, e, em um cenário escuro e denso, é decretada a tal da quarentena. Ou, para ficar chique, o *lockdown* horizontal.

Bem, isso é bem típico do brasileiro, colocar alguma coisa em inglês para dar um ar de intelectualidade.

Meu Deus, *lockdown* é *lockdown*!

Isso é que nem um lobo, não existe lobo bom, lobo mau, lobo católico, lobo politicamente correto... Lobo é lobo!

O *lockdown* é bem difundido nas escolas dos Estados Unidos, uma vez que lá, de vez em quando, aparece um louco atirando em todo mundo. E aí, fecha e isola tudo e todos!

As crianças são treinadas para o *lockdown*, sabem o que fazer quando a sirene soa.

No tempo em que morei nos Estados Unidos, na Flórida, meu filho passou por três situações dessas, é terrível.

Quarentena, isolamento social, *lockdown* horizontal, vertical, enfim, uma tempestade de informações e sinalizações pouco assertivas, o que é natural quando se enfrenta o desconhecido.

Nossos cérebros não conseguem mais contabilizar quantas vezes recebemos estes estímulos:

- FIQUE EM CASA
- LAVE AS MÃOS

Enquanto isso, no WhatsApp:
— *Esse foi o melhor vídeo que eu já vi!*

Uma verdadeira competição
de quem postava a notícia mais trágica!
— *Um quadro de guerra mesmo!*

E aí, amigo, o que faremos?

PARTE I

SENDO MAIOR QUE A CRISE

A internet tem a capacidade de transformar desconhecidos e despreparados em celebridades com uma simples, pobre e autônoma postagem. *Especialistas em nada dando palpite em tudo!*

E quando a grande maioria do povão começa a dar ouvidos a qualquer desqualificado, perdem-se o foco, a concentração, a capacidade de análise, o discernimento e o bom senso, e entra em cena o pânico.

E quando você acha que nada pode ficar pior do que já está, surgem os golpistas, os estelionatários, aplicando golpes nas pessoas menos informados através da internet e tirando o resto de quem já tem pouco.

Do dia para a noite, as pessoas ficaram sem chão, mesmo estando literalmente presas dentro de casa, olhando para as paredes, para o teto e para o próprio chão.

Elas se desorganizaram e sequer conseguiam ordenar as suas tarefas.

Falando em tarefas, vamos aprofundar um pouco a forma como lidamos com esse tema, que faz parte do nosso dia a dia:

TAREFA

SE É IMPORTANTE, MAS NÃO É URGENTE: **PROGRAME**

SE É IMPORTANTE E URGENTE: **EXECUTE**

SE NÃO É IMPORTANTE E NEM URGENTE: **ELIMINE**

SE É URGENTE, MAS NÃO É IMPORTANTE: **DELEGUE**

Nesse momento, ficou muito claro para mim que existiam dois personagens em evidência em todo o planeta:

O gestor da prosperidade e o gestor da contaminação.

Tanto a prosperidade quanto a contaminação têm muito a ver comigo, porque, assim que vendi as minhas empresas no Brasil e no exterior (Grupo Trend), tomei uma decisão de vida muito importante em relação à contaminação, que foi a seguinte:

Afastar definitivamente da minha vida certas pessoas.

4 PERFIS QUE DELETEI DA MINHA VIDA

PESSOAS QUE **USAM** VOCÊ

PESSOAS QUE **DESRESPEITAM** VOCÊ

PESSOAS QUE **MENTEM** PARA VOCÊ

PESSOAS QUE **COLOCAM VOCÊ PARA BAIXO**

Aliando essa decisão recente de vida com meu histórico pessoal e profissional, fica fácil para você saber a minha escolha.

Dei continuidade ao meu papel e à minha essência de gestor da prosperidade!

Prosperidade é uma palavra boa de escrever, de ouvir e, fundamentalmente, quando entendemos a sua essência, de praticar.

Depois de ter o privilégio de viajar muito e conhecer muitas pessoas, acho que entendi e aprendi o que é isso.

Prosperidade tem a ver com perspectiva, porque ela é sempre fruto de algo bem pensado e planejado, e não um evento.

Um passo muito importante para a almejada prosperidade é o que chamo de nutrição mental, porque, sem uma boa saúde mental, não conseguimos dar nem o primeiro passo.

Você precisa estar no controle, ser o líder da sua vida.

O correto, inclusive, seria dizer líder da prosperidade, mas se eu gravo um vídeo falando isso, aparecem aqueles sem filtro que criticam só pelo prazer de criticar (nuvem negra de plantão), dizendo que eu quero o lugar do Donald Trump como líder mundial... ou que quero ser o próximo Xi Jiping...

E já que falamos de gestão e liderança, vamos explorá-las um pouco:

GESTÃO (FOCO NO NEGÓCIO, NA PRODUÇÃO):

- METAS
- OBJETIVOS
- POLÍTICAS
- PROCEDIMENTOS

LIDERANÇA (FOCO EM PESSOAS, DIREÇÃO E FUTURO):

- PROPÓSITO
- MUDANÇAS
- INOVAÇÃO
- SUCESSÃO

Tratando-se da internet, todo cuidado é pouco; então, resolvi adotar o termo gestor da prosperidade, praticando a liderança.

Quando você tem um certo grau de exposição, está sempre sob julgamento. E 24h por dia! Mas, independentemente dos julgamentos e da exposição, eu precisava continuar a minha missão, então resolvi fazer o que eu poderia fazer trancado dentro de casa:

Inspirar pessoas!

Tendo treinado mais de um milhão de pessoas, ao vivo, em mais de doze países, era chegada a hora de fazer isso via celular para atingir e impactar o maior números de pessoas.

E, se é isso que tem para hoje, então está ótimo, vamos lá!

Mas aí aparece o nuvem negra de plantão e fala:

— *Ele faz isso porque não tem que se preocupar com nada, tá tranquilo, essa quarentena para um cara bem-sucedido são férias!*

Ledo engano...

Você faz da quarentena o que quer fazer dela.

A minha não foi nada fácil...

Fiquei trancado em casa com parte da minha família, porque a outra parte, a minha filha mais velha e meu neto, não mora no Brasil há muitos anos.

Sabe onde eles moram? Na Itália, no norte da Itália.

Amigo, que sufoco, que sofrimento, que ansiedade, administrar parte do seu coração tão de longe, sem poder fazer absolutamente nada, só torcer...

Estava aqui no Brasil sem ação, só acompanhando tudo com meus outros dois filhos e minha esposa.

Mas não foi nada simples, não. O nosso desafio só aumentou.

Meu filho mais novo, de dez anos, é autista. Ele não fala e tem difícil compreensão do que acontece ao seu redor.

Como explicar para ele que sua rotina foi totalmente alterada? Como acalmá-lo deixando-o trancado dentro de casa?

Na Itália, as mães de crianças autistas receberam permissão para sair de casa para acalmar seus filhos, bastava colocar uma fita azul (cor predominante na simbologia do autismo) no punho das crianças que as autoridades policiais, além de não questionarem, enviavam olhares de prosperidade.

Você acha que aqui no Brasil alguém pensou nisso?

Dia 2 de abril, durante a quarentena, ninguém noticiou ou lembrou que era o dia mundial de conscientização do autismo.

Tudo bem...

Enfim, amigo, Deus não dá para ninguém uma missão que não pode ser cumprida, então continuamos na luta.

No fundo, no fundo, os outros não querem saber do seu dia a dia, a não ser que isso lhes traga alguma vantagem ou benefício. Ainda bem que existem exceções!

Só que, junto com o vírus e a crise, nasce uma esperança.

As pessoas terão que aprender na marra um item básico de convivência:

Fazer o bem faz bem!

E também terão que aprender:

Todos somos iguais!

Todos dependem uns dos outros!

Ninguém é melhor do que ninguém!

Opa, tem um lado positivo nessa história de coronavírus aí!!!

É verdade que as pessoas aprendem e mudam muito mais rápido pela dor, pela perda e pelo sofrimento. Uma pena, mas é um fato!

Porém, a única certeza que realmente temos nisso tudo é que um mundo novo vem por aí.

Existem várias formas de você encarar uma situação dessas: **espiritualmente, emocionalmente e racionalmente**.

Talvez o mix das três formas seja um bom começo.

Implementei uma rotina diária de pedalar 13km e nadar 250m, assim cuidava do físico, porque, apesar da pancada forte, desenvolvi ao longo dos anos uma importante saúde mental.

Aprendi a blindar a mente!

Em um processo de gestão de crise, a experiência de quem já viveu situações conceitualmente semelhantes ajuda muito.

Como executivo do alto comando e empresário com atuação global, sinceramente, perdi as contas de quantas crises enfrentei.

O que aprendi com elas?

Muitas coisas! Mas, basicamente, o seguinte processo básico:

1. CONSTITUA UM COMITÊ COM PESSOAS **EMOCIONALMENTE INTELIGENTES**, OU SEJA, QUE NÃO PERMITEM QUE O PÂNICO INTERFIRA EM SUAS CONDUTAS E DECISÕES.

2. JUNTE-SE A DISTINTOS ESPECIALISTAS E CONSTRUA UM **POSICIONAMENTO GENERALISTA**.

3. TOME **DECISÕES RÁPIDAS**, LEMBRANDO QUE VELOCIDADE É DIFERENTE DE PRESSA.

4. AVALIE A **EXTENSÃO** DAS SUAS DECISÕES AO LONGO DO TEMPO, E OS **IMPACTOS PRESENTES E FUTUROS**.

A partir daí, sempre ficava me perguntando:

Por que o governo não nomeia um conselho de notáveis, constituído de empresários e executivos de renome para, no mínimo, auxiliar nas decisões?

Enfim, preferiram ficar disputando poder...

E a busca pelo poder de forma impositiva e não conquistada, além de ser frágil, é como a vaidade: um veneno silencioso que destrói você por dentro e o encaminha para a falência moral e social.

Comecei a fritar na cama todos os dias, até que o óbvio me consumiu: não adianta só levar uma palavra de motivação e esperança rumo à prosperidade; é preciso, antes disso, *ACORDAR O GIGANTE* que existe em cada um de nós.

Isso mesmo, acredite, você tem talentos e dons naturais que ainda são desconhecidos, bem aí, dentro de você.

Deus não seria tão injusto em dá-los para uns e não para outros. Todo mundo tem o seu kit!

A diferença está no seu despertar, na sua convicção de que você é realmente muito maior do que imagina ser.

A partir daí, me dediquei de verdade através das redes sociais e de inúmeros e infinitos telefonemas a acordar o gigante que existe — e, sim, ele existe — dentro de cada um de nós.

Falei, e falei muito, com empresários e presidentes de empresas que certamente influenciariam milhares de pessoas.

Através de *lives*, *posts* e vídeos, influenciei milhões de pessoas no sentido desse despertar, por isso resolvi relatar e retratar tudo isso neste novo livro.

Criei um código e, dentro dele, um universo de competências e forças extremamente impactantes. Algo que chamo objetivamente de LEI.

LEI, o que descrevo como um conjunto de conteúdos qualificados e pertinentes a um novo modo de padrão de conduta, a uma nova vida, que exigirá perfeita disciplina e conhecimento. Por isso, um código com esse conjunto de leis será indispensável daqui em diante.

E a construção dessas leis começou com esta inspiração:

ESTAMOS EM QUARENTENA...

- 40 DIAS DE DILÚVIO
- 40 DIAS DE QUARESMA
- 40 DIAS QUE MOISÉS FEZ JEJUM
- 40 NOITES QUE JESUS PASSOU NO DESERTO
- 40 ANOS QUE O POVO JUDEU PEREGRINOU NO DESERTO

Nasce o poder das 40 Leis do Novo Código da Vida e dos Negócios!

Por que você vai precisar desse novo código da vida?

Não tenho dúvidas de que começará uma nova era, um mundo novo.

Depois disso tudo, ninguém nunca mais será o mesmo...

As regras, as leis, os mandamentos, as relações, as formas, tudo, absolutamente tudo vai mudar.

Até porque sofremos impactos mentais, físicos, sociais e financeiros em altíssima dose, desconfigurando o que existia e, no mínimo, reescrevendo de outra forma uma nova história. Começamos a ver certas coisas por um outro ângulo e a definir uma nova equação.

Jamais imaginei que os Estados Unidos pudessem abandonar o posto de líder mundial.

Se configurarmos esse episódio como a Terceira Guerra Mundial, eu diria que a China sorrateiramente saiu na frente sem disparar nem um míssil.

Mais uma vez, ficou claro que as pessoas buscam um desesperado encontro com Deus somente no momento de extrema necessidade.

Torna-se evidente que planejamento e atitude dão certo. A prevenção salvou mais vidas do que agir impulsivamente aos 45 minutos do segundo tempo.

Que a saúde era uma prioridade em nossas vidas nós já sabíamos; mas o verdadeiro valor dos profissionais de saúde, descobrimos no meio do caos. Os profissionais de saúde estão sozinhos, abandonados e esquecidos. No entanto, descobrimos que eles nunca desistem.

Definitivamente, temos que cuidar cada vez mais das crianças, porque, classificadas como um grupo de baixíssimo risco frente à pandemia, elas, mais do que nunca, se tornaram a esperança.

Se todo mundo achava que petróleo dava *status*, poder e prioridade, descobrimos que, sem consumo, ele não vale nada.

Sabemos que um dia vamos envelhecer e morrer; porém, ficou o aprendizado de que a morte não distingue raça, cor ou *status* social.

Durante o colapso, conseguimos constatar mais uma vez que o ser humano pode ser oportunista e desprezível, e que talvez sejamos o verdadeiro vírus do planeta.

Uma reflexão eterna: a mídia social nos aproxima ou nos afasta? Certeza mesmo temos de que é um poderoso meio de gerar e difundir o pânico.

A próxima vez em que você fizer uma visita ao zoológico, certamente, alguma coisa virá à sua mente ainda aprisionada.

OS PAIS DISCUTEM MUITO QUE AS CRIANÇAS DE HOJE NÃO SABEM MAIS BRINCAR SEM INTERNET OU TV, MAS, COM TODOS TRANCADOS EM CASA, GRAÇAS A DEUS QUE ESSES RECURSOS EXISTEM!

ELAS NÃO PERGUNTAM MAIS AO GOOGLE, VOLTARAM A PERGUNTAR AOS PAIS, QUE, POR SUA VEZ, VOLTARAM A EDUCAR SEUS FILHOS.

Tem um capítulo no manual da vida que não muda: alguns ganham milhões e não servem à humanidade em nada.

Definitivamente, aprendemos a essência e o significado de apertarmos as mãos. Um gesto de confiança e carinho.

Constatamos, infelizmente, que não há nada que se possa fazer para frear determinados políticos, que sempre aproveitam qualquer oportunidade para puxar o tapete do rival e se dar bem.

O MUNDO MUDOU!

Sua relação de paixão e amor com alguém antes ou depois da pandemia ou será extremamente rasa, ou potencialmente sólida e profunda.

Família deixou de ser a galera reunida no Natal discutindo quem faz o peru e leva a maionese para ser algo coletivo, de ajuda mútua.

Viagem deixou de ser desejo para ser necessidade, porque sua mente clama por liberdade e sonhos.

O mundo corporativo e, consequentemente, sua vida profissional ou entrarão em um momento de nova colheita ou no início de um novo plantio, até porque precisamos aceitar que a economia não é um laptop de última geração cujo sistema desligamos à noite e reiniciamos de dia. Existe um fator aí no meio que se denomina retomada, e não é nada simples.

Reacelerar, gerar empregos e dar crédito são tarefas que exigem execução cirúrgica e tempo de reação.

A questão é que falamos de um desafio novo em um mundo velho.

Por isso, precisamos nos atentar para as novas leis e provocar rapidamente as adaptações e mudanças necessárias ao mundo novo.

Nossas verdades, relações e processos de decisão mudarão para sempre.

As empresas terão que aprender a lidar com trabalho remoto, pouco crédito, diminuição de mercado e desequilíbrio entre oferta e demanda.

Os empresários se perguntarão: será que eu preciso disso tudo? Será que não temos gente demais? Para que tanta reunião? Não conseguimos resolver por telefone, áudio, e-mail ou videoconferência?

Depois dessa experiência de trabalhar em casa (*home office*), com certeza vamos valorizar algo que Deus nos deu, que, no meu ponto de vista, é o nosso maior patrimônio, e é de graça: o Tempo!

Vamos perceber que temos projetos demais e execução de menos.

Certamente, ficamos todos expostos a um novo pensamento corporativo:

Quem realmente produz e quem só é um peso?

Vamos aprender a trabalhar sozinhos.
Será, definitivamente, o fim da era dos chefes.
Viva a era dos líderes!

Se era chique você dizer que sua empresa é digital, agora é questão de sobrevivência.

E, pensando estrategicamente, se a sua empresa não conseguir responder com muita clareza a esta pergunta, certamente, você estará fora do jogo:

Qual é o problema que a sua empresa realmente resolve para o seu cliente?

Será que os empresários continuarão buscando profissionais no mercado avaliando o peso e a sofisticação do *curriculum* deles?

Penso que não!

Os diplomas passarão a ser uma mera referência, até porque conhecimento não ocupa espaço, amplia.

O ensino a distância, o poder das *lives* e o conteúdo disponível na nuvem potencializarão a mente humana sem colocar o pé na rua.

Amigo empresário, você tem que ser o gestor da prosperidade!

Novos modelos de negócios vêm aí, revolte-se e assuma seu posto de liderança nesse processo.

Já publiquei mais de vinte livros e, durante todos esses anos, acionei algumas teclas muito importantes, que definem a melodia do que realmente dá certo no mundo corporativo.

Escrevi porque vivi, e não porque ouvi falar, isso faz toda a diferença, porque, sem glória e sem dor, não existe aprendizado eficaz.

Recordo-me de que, certa vez, recebi uma foto do presidente de uma grande empresa que eu estava assessorando, o que me marcou muito. Era um cartaz colado na parte de dentro da porta do guarda-roupa dele com tudo o que tínhamos conversado em nossos primeiros encontros.

Não posso mostrar a foto, mas posso descrever o cartaz que retratava o conceito de conhecimento, habilidade e atitude, um tripé básico, que não pode ser esquecido nunca por um líder:

SABER (CONHECIMENTO):

- DESPERTANDO PARA UM MUNDO GLOBALIZADO
- DEFININDO UM PERFIL VENCEDOR
- CONSTRUINDO PODEROSAS ESTRATÉGIAS PARA A SUA VIDA
- ALINHANDO SEU CONHECIMENTO AOS SEUS SONHOS
- CRIANDO NOVOS HÁBITOS
- DESENVOLVENDO A IMAGEM DA VITÓRIA
- GERANDO RELACIONAMENTOS PRODUTIVOS
- PRATICANDO A EFICIÊNCIA E A EFICÁCIA

SABER FAZER (HABILIDADE):

- PLANEJANDO O DIA A DIA
- ANALISANDO NOSSAS FRAQUEZAS E FORTALEZAS
- A ARTE DE INFLUENCIAR PESSOAS
- NEGOCIANDO PARA VENDER MAIS
- VENDENDO O SEU PRODUTO OU SERVIÇO
- O LÍDER QUE EXISTE DENTRO DE VOCÊ
- O PODER DA INICIATIVA
- CONSTRUINDO UMA ABORDAGEM VENCEDORA
- CRIANDO PROPOSTAS DE VALOR
- COMO FECHAR MAIS NEGÓCIOS

QUERER FAZER (ATITUDE):

- COMO PENSAMOS, O QUE SENTIMOS E COMO REAGIMOS
- A FORÇA DA MOTIVAÇÃO
- AJUSTANDO O COMPORTAMENTO PARA A VITÓRIA
- OS DESAFIOS DE UM CAMPEÃO
- A TOLERÂNCIA AO ESTRESSE
- UMA POSTURA CRIATIVA
- SUPERANDO AS PRESSÕES DO DIA A DIA
- COMO LIDAR COM A MUDANÇA
- FORTALECENDO, CRIANDO EMPATIA E CARISMA
- A FORÇA DA COMUNICAÇÃO

Até hoje, apesar de morarmos em países distintos, somos amigos, e o mantra segue valendo e a empresa dele, prosperando.

Mas, independentemente de você ser presidente, diretor, gerente ou ter qualquer outra posição dentro de uma empresa, você é um colaborador, um funcionário, alguém que está lá, ou deveria estar lá, para dar seus 100%.

Seja de uma pequena, média ou grande empresa, chegou definitivamente a hora de saber se você vai ter que plantar ou colher.

Aquele mundo lá acabou. Você está preparado para o mundo novo, que começa em 2020?

É hora de fazer o acerto de contas!

Se você era aquele colaborador comprometido com os valores da empresa, envolvido com as tarefas, despreocupado com o tempo e focado na qualidade da entrega, você está na frente nessa corrida.

Mas, se você é o que chamam de braço curto, fiel escudeiro do relógio de ponto, amigo íntimo dos atestados médicos e reconhecidamente de baixa produtividade, não vai adiantar se esconder. Pegaram você, e isso quer dizer que você é altamente dispensável.

Então, é hora de recomeçar, plantar diferente e entrar no jogo novamente, com outra postura e outra pegada.

Adquira conhecimento prático, invista em idiomas, seja participativo e se jogue verdadeiramente com paixão no seu próximo desafio.

Que tal ser extraordinário?

Você já parou para pensar no que você ganha sendo extraordinariamente muito bom?

Só ganha benefícios, pois você vai ampliar seu círculo de amizades e de relacionamentos de negócios, e será conhecido como uma pessoa agradável, que não mede esforços nem suor para fazer um bom trabalho e, principalmente, para fazer o bem.

Ser uma pessoa extraordinária é o que decretará o seu sucesso. Afinal, você é o seu melhor patrimônio, e deve cuidar e investir para que ele cresça e tenha cada vez mais valor.

Após experiências traumáticas, que envolvem risco de morte, é bastante normal rever prioridades, conceitos e propósitos.

Superar o medo e acelerar o desejo de realizar sonhos passa a ser gênero de primeira necessidade.

Projetos não iniciados, abraços não dados e viagens futuras deverão ser conjugados no presente.

A histeria de vídeos, fotos, *lives* e compartilhamento de gracinhas na internet ocupou muita gente, outras mergulharam dentro do seu silêncio e fortaleceram a sua fé e se descobriram.

No início da retomada, as primeiras reuniões terão um preâmbulo padrão: *como estão seus familiares? Alguém foi infectado? Como você lidou com o isolamento?*

A curiosidade poderá despertar a afetividade das pessoas.

O que acontece do outro lado do mundo pode impactar diretamente você, seremos pensadores mais globais do que locais.

Questionamentos, dúvidas e inseguranças são absolutamente normais em uma pista nublada, e a necessidade de compartilhar esse mix, somada a sentimentos represados em função do isolamento, fez do meu telefone e da minha caixa de e-mails um verdadeiro confessionário, um centro de dados que certamente me ajudou, e muito, a desenhar possíveis cenários e a construir um modelo de comportamento para uma nova largada.

Por isso, resolvi compartilhar uma parte desses momentos no capítulo a seguir, *Fala Aí, Luppa!*

FALA AÍ, LUPPA!

Compartilhando conhecimentos, experiências e emoções...

Nestes tempos de isolamento e incertezas, recebi uma avalanche de questionamentos sobre o presente e, principalmente, sobre o futuro.

E-mails, mensagens nas redes sociais e telefonemas em plena madrugada me mantiveram bem alerta, com um enorme sentido de utilidade.

E, muito mais do que isso, mantiveram ligada no 220v a minha essência colaborativa durante esta quarentena danada.

E é muito gratificante quando você pode sinalizar para alguém, que invariavelmente está em pânico e quase sem reação, uma luz no fim do túnel, sabendo, pelo menos, que não é um trem desgovernado vindo em sua direção.

A ideia aqui é tornar públicos diálogos que acredito que podem ajudá-lo no seu dia a dia. Mas, antes de fazer esse pingue-pongue de perguntas e respostas, quero deixar tatuado no seu perfil o que invariavelmente era o meu discurso de abertura nessas conversas:

Meu amigo/minha amiga…

- Avalie as suas atitudes. Lembre-se de que a maioria de nós acaba sendo influenciada pelas pessoas que estão ao nosso redor. Passe um minuto avaliando as pessoas à sua volta e como têm impactado as suas atitudes. Suas atitudes estão ajudando ou atrapalhando você?

- O foco é um ingrediente essencial para todos os líderes, vencedores e pessoas eficazes. Esteja focado no que você quer, não no que você não quer.

- Vivemos um momento de conturbação, você precisa organizar todas as áreas da sua vida: pessoal, familiar e profissional. Planeje tudo. Então, quando abrirem as portas, execute.

- O propósito é, sem dúvida, o maior motivador na vida de um vencedor. Revisite o seu, reconstrua-o após tantos abalos de estrutura e equalize o que realmente é importante na sua vida, e não perca isso de vista.

- Não aceito essa voz sem energia e uma imagem que retrata a dor através desse vídeo que estamos fazendo pelo *zoom*. A paixão, muitas vezes, pode compensar a falta de experiência ou de sabedoria. A paixão pode ser vista no olhar, notada na voz, no comportamento. A altivez é um alimento poderoso para a alma.

- Você está me ligando para dizer que perdeu? Que vai entregar os pontos? Se está esperando que eu ou alguém tenha pena de você, esqueça! Quando derem a largada novamente, vão te atropelar. É incrível o número de pessoas que desistem sem lutar até o fim ou até mesmo pouco antes de obter sucesso. Elas acabam se cansando de esperar, de tentar, e desistem. O isolamento é um treinamento, saia dele mais forte! Não se entregue aos seus próprios limites. A única limitação que encontramos na vida é aquela que nos impomos. Você pode fazer qualquer coisa que quiser e para a qual se dedicar. Se você está apanhando com alguma coisa, ótimo! É dessa forma que mais se aprende.

- Não se sinta só! Tentar fazer tudo sozinho é como continuar correndo depois da linha de chegada, não precisa. Uma ótima forma de aprender e avançar nos seus planos é se associar com pessoas que já chegaram aonde você quer chegar. Agregar conhecimento e experiências é uma forma ótima de conseguir isso. Sozinho é muito mais fácil de desistir. Você já quis desistir de algo? O que causou seu desencorajamento? Independentemente da causa, só o que posso lhe dizer é que esse sentimento drenará sua criatividade e seu propósito. Lembre-se de que tudo passa. Relaxe.

- Outra coisa, não seja pessimista, ainda não conheci uma vantagem nesse estado de espírito. Existem inúmeros benefícios em ter uma visão mais otimista das coisas: você conseguirá fazer mais coisas, se divertirá mais, terá mais amigos e será mais saudável. Seja otimista. Você não tem nada a perder. Para isso, precisa aprender a confiar em você! Você acredita em você, confia em você e se aceita? Essa é uma das chaves para ter sucesso e ser feliz. Confie no processo da sua vida e nas oportunidades que cruzam seu caminho, e dê o seu máximo. Acredite em você mesmo quando ninguém acreditar.

- Uma pergunta: você está preso aos noticiários da TV, fica indo de um canal para o outro para consolidar as informações? Esqueça isso! Você vai acabar se transformando em uma pessoa que não é. Quem deverá determinar quem nós somos? Isso é bem simples: se permitir que os outros determinem seu destino, sua personalidade, seu comportamento etc., você nunca será realmente feliz ou bem-sucedido. Cresça e mude nos seus próprios termos, não de acordo com os dos outros. Em um momento inusitado como este, é natural a explosão de informações, comportamentos, críticas e sugestões. O segredo, como sempre, é manter o equilíbrio. O que todos nós buscamos na vida, hoje em dia, é o equilíbrio. Há muitas demandas, problemas, necessidades, metas e pessoas com quem temos que lidar. É possível, porém, ter equilíbrio suficiente para reduzir o estresse enquanto você redesenha sua nova vida. Seja paciente, a paciência é uma virtude; temos que ter paciência em todos os aspectos da nossa vida. Relaxe e aproveite a viagem dentro da sua própria casa, qualquer outra coisa poderá matá-lo.

- Controle-se! O estresse é normal. Tudo na vida causa estresse. O estresse não está ligado ao que está acontecendo, mas à forma como você reage a essas situações. Reconheça que a sua reação ao estresse é responsabilidade apenas sua.

- Já que você está com tempo, pinta aí na parede do seu quarto: Superar Obstáculos, Lidar com a Rejeição, Superar o Fracasso, Lidar com a Adversidade e Arriscar. Tudo isso faz parte do cardápio do meu café da manhã!

- Este isolamento está nos ensinando que temos que aprender a viver de dentro para fora, é assim que estamos vivendo. Pessoas que vivem de fora para dentro colocam a responsabilidade de sua felicidade, de seu sucesso e de suas falhas nas mãos de outras pessoas ou de outras coisas, que estão fora do controle delas, como o tempo, o governo, a economia ou a organização. Viva de dentro para fora, assumindo seu papel, e se esqueça de eleger culpados para os seus próprios erros.

- Não crie expectativas positivas nem negativas desnecessariamente. Gerenciar suas expectativas significa entender que todo mundo está fazendo o melhor que pode com o que aprendeu até agora. Abra mão da futurologia e das grandes e belas ilusões.

- Se tudo o que você vê, sente e escuta são problemas, então você está criando um estado de negativismo pleno. Por trás de um grande problema, sempre tem uma grande solução. Muitas vezes, a oportunidade está disfarçada de problema. Todos nós temos problemas. A chave para o sucesso, a felicidade, a paz e para uma vida equilibrada é aceitar que os problemas fazem parte do processo da vida. Sorria para a dificuldade!

- A maioria dos ciclos bem-sucedidos não está escrita em pedra. Eles são resultado de sua habilidade de conseguir entender o cenário, atender às necessidades e aos problemas do seu possível cliente. Se não conseguir identificar essas necessidades, você provavelmente não conseguirá transmitir a ele a sensação de urgência necessária para demonstrar o quanto você e sua empresa podem ser úteis em um momento de retomada.

Enfim, era esse meu tom de abertura, antes mesmo de ouvir a pergunta; ou seja, a ideia era quebrar barreiras antes mesmo de elas serem construídas.

Agora, sim, vou compartilhar com vocês algumas pérolas, resguardando, é claro, a identidade das pessoas e principalmente das empresas:

1. Luppa, como se comportar em um mercado que está em guerra?

Primeiramente, corrigindo a pergunta: o Mercado *é* uma Guerra!

E você enfrenta concorrência de preços, condições e promoções, mas também enfrenta a Guerra com o cliente, que te dá golpes de desconfiança, acha que você pode estar oferecendo um negócio que não é bom e é exatamente por isso que você precisa estar plenamente preparado para enfrentar o mercado. *Mas como?*, você pergunta. Simples. Use uma estratégia apropriada para o momento, que é de solidariedade. Faça o seu oponente jogar no seu time. Faça com que ele vença com você. Esse ganha-ganha vai gerar uma relação duradoura, movida pela segurança, e, como você mesmo sabe, cliente seguro faz negócios duradouros.

2. Querido Luppa, estou trabalhando em casa, como vai ser quando eu voltar para a empresa, o que vai mudar?

A resposta é: o que já deveria ter mudado ou sido disseminado, um ótimo ambiente de trabalho.

Construir um bom ambiente de trabalho é o dever de todos, e destruí-lo, de alguns.

A maioria das pessoas se questiona sobre o lugar onde trabalham. Isso é positivo, pois evita acomodação e ajuda a corrigir erros na empresa;

porém, não importa o lugar em que você trabalhe, mas, sim, como você trabalha.

SE FAÇA ALGUMAS PERGUNTAS:

- VOCÊ TRABALHA COM ESPÍRITO DE COOPERAÇÃO?
- VOCÊ SE DOA INTEIRAMENTE PARA FAZER O MELHOR?
- VOCÊ TRABALHA PARA CONSTRUIR UM AMBIENTE CRIATIVO?
- VOCÊ É TOLERANTE?

Há uma série de ferramentas para você construir um bom ambiente de trabalho; agora, com certeza, comprometimento e envolvimento são as duas de que você precisa para construir um ambiente único e fortalecer as relações com a equipe.

Aproveite que você está trabalhando em casa e imagine como está o seu ambiente hoje; assim, você valoriza o amanhã.

3. Luppa, sou tímido, inibido e passo uma imagem de passivo. Preciso mudar, me ajuda?

Regra imortal: seja forte e vença.

Qual é a maior virtude de um bom colaborador?

Surpreender com ousadia. A timidez atrapalha um grande profissional de se tornar uma grande lenda. Para brilhar no mundo corporativo, você precisa ter aquele algo a mais, e esse algo a mais só é conquistado sem a timidez.

Mas como vencer a timidez? É saber ousar, fazer, ir para cima. Tome uma atitude e seja firme nela, sem criar um mundo de possibilidades antes da tentativa. Você vai ver que no começo é difícil, mas depois que conquistar sua primeira vitória, vai deixar a timidez passar bem longe de você. Um colaborador essencial para a empresa é o que ousa, não o que se esconde atrás da sua timidez.

4. Luis Paulo Luppa, obrigado por me ouvir. Preciso fazer algo a mais, senão vou ser uma pessoa dispensável e vou perder meu emprego. O que fazer?

Por que você acha que chamam o Ronaldo (R9), campeão do mundo duas vezes, de fenômeno? Só porque ele é bom de bola, é craque? Certamente não! É porque ele mostrou ao mundo o real significado da palavra superação.

Aquele algo a mais que faz toda a diferença.

Se você duvida disso, pense no Ronaldo. Ele se machuca e ouve que nunca mais vai poder competir. Ele pode aceitar ou tentar voltar ao esporte, com todas as forças que possui. Se ele optar por essa tentativa, com certeza conseguirá voltar e, após muita luta, será um atleta muito mais comprometido e muito mais vencedor. Superação é tirar forças de onde você nem imagina ter, é se autoconhecer e saber gerenciar seus sentimentos.

Um colaborador que busca a superação diária chegará muito longe e se tornará o principal capital ativo da empresa.

Num momento de dor e perdas, a reflexão é inevitável, e os arrependimentos, também; por isso, as pessoas estão tão preocupadas em retornar às suas empresas melhores do que saíram; e, para isso, a resposta é a seguinte:

Aprenda a conviver com as diferenças.

Você já parou pra pensar se você respeita o espaço do seu colega? Se respeita as particularidades de cada um no seu ambiente de trabalho?

Conviver com as diferenças de culturas, religiões e atitudes não é nada fácil. Mas é uma tarefa diária, e você é obrigado a exercitar sua tolerância.

Tolerância é a palavra de ordem, pois tudo na vida é uma via de mão dupla e, se você quiser ser respeitado, principalmente no trabalho, deve também se dar ao respeito. Em um ambiente que preza pelo respeito, tudo flui com mais naturalidade, e isso torna as pessoas mais acessíveis e suscetíveis às mudanças.

5. Luppa, qual será o perfil de profissional que esse novo mercado vai buscar?

Bem, tem coisas na vida que não mudam.

Você precisa ter dois pilares para, pelo menos, entrar no jogo:

Conhecimento e esforço extra.

Esforço extra: quando você deixa de ser mais um.

O sucesso vem do trabalho, mas do trabalho executado com esforço extra. Um trabalho feito com força de vontade e doação do seu melhor!

O profissional que tem isso na cabeça é comprometido com os resultados, busca incessantemente novas saídas, novas oportunidades, e é visto como uma ferramenta essencial para consertar problemas e encontrar soluções cabíveis num curto espaço de tempo.

O esforço extra é o que diferencia um profissional medíocre de um profissional fundamental para o andamento do trabalho.

Esse perfil de colaborador é o que toda empresa procura. Batalhe para demonstrar o seu esforço extra. Batalhe para fazer o bem para a empresa e receber grandes benefícios por isso.

Para transformar o esforço extra em diferencial competitivo é fundamental que você tenha uma missão bem definida.

Qual é a sua missão?

No que você acredita?

Como você enxerga as coisas?

Como você definiria o seu dia a dia hoje?

Se as coisas, na sua opinião, não estão boas, preste atenção para perceber o que você anda fazendo de errado. Todos nós temos uma missão diária, o que você está fazendo para cumprir a sua?

Se você carrega pedras hoje, pode pensar que é um mero carregador de pedras ou pode ampliar seus horizontes e perceber que o seu trabalho é fundamental para terminar uma construção sólida e sustentável.

Nenhum trabalho é pequeno, nenhum esforço é pouco, nenhum cargo é ruim, basta você ver o bem que está fazendo, estabelecer a sua missão e batalhar diariamente para conquistá-la.

Todos nós temos uma tendência ao imediatismo, resultados rápidos, ansiedades, quando, na verdade, esquecemos que tudo tem um tempo natural para acontecer.

Pegue o exemplo do esportista: ele passa muito mais tempo treinando do que competindo, e enfrenta diariamente uma série de cobranças dos seus técnicos e cobrança própria para atingir a vitória.

Quando você entra em uma nova empresa, dificilmente será promovido rapidamente.

Pode acontecer, mas não é comum. Comum é você trabalhar muito e compreender que, na busca por uma promoção, é preciso demonstrar todas as suas qualidades e todo o seu infinito comprometimento com a empresa.

Confiança, determinação e garra são ingredientes fundamentais para conquistar seus objetivos.

6. Luppa, acompanho você há muitos anos e sei que o sucesso dorme ao seu lado. Como eu faço para transformar a minha pequena empresa em uma grande empresa?

Amigo, sabe qual é o principal ingrediente do sucesso?

É não existir fórmula do sucesso.

O sucesso é atingido com a quantidade de suor derramado no dia a dia. Com o esforço, com batalha e, certamente, com pessoas. Se a sua empresa passa por uma dificuldade, procure estudar as qualificações das pessoas, busque destacar as que sempre trabalham com o foco nas soluções, e não nos problemas.

Para atingir o sucesso, esforço é necessário, mas um pouco de percepção, inteligência e saber tomar as atitudes certas, nas horas certas, dão uma grande ajuda.

Seria muito bom para você ler um livro que escrevi com o meu amigo Edgar Ueda, *Desvendando a Caixa-Preta do Sucesso.*

7. Pit Bull, quero muito mudar e passar a ser um líder admirado pela minha equipe. Me ajuda, me dá um norte.

Querido amigo, líder é aquele cara de quem todo mundo quer estar perto.

Carisma é um diferencial competitivo do líder.

As coisas vão acontecendo no nosso dia a dia, e, com certeza, muitas dessas coisas somos nós mesmos que fazemos acontecer. Pare e pense no que acontece *com* você, por exemplo. São coisas que têm a ver com a sua situação. Mas as coisas que acontecem *em* você, essas têm a ver com o seu caráter.

Agora, as coisas que acontecem *por sua causa* têm a ver com o seu carisma.

Um líder de sucesso tem que trabalhar incansavelmente para ser carismático. Pois um líder carismático tem o domínio e o respeito da equipe e também um trunfo fundamental: a confiança de todas as pessoas. Carisma é a essência do líder de resultados. Como anda o seu?

8. Luppa, sou vendedor e tenho muito orgulho disso, como você. O que você acha que vai mudar daqui em diante na vida de uma pessoa como eu, que saio de manhã, de pasta na mão, e volto à noite, contabilizando a comissão do dia?

Amigo, depois desse terremoto em nossas vidas, as pessoas vão valorizar demais o tempo.

A venda terá que ser mais objetiva e mais rápida. Para isso, a preparação terá que ser mais intensa e cirúrgica.

O cliente tem várias fases de encantamento, mas também tem várias fases de questionamento. O bom vendedor sabe atacar na medida certa e deixar que o encantamento seja superior.

Prolongar o processo de vendas sem necessidade é desgastar o cliente e desgastar o próprio vendedor, e o entusiasmo da compra cai consideravelmente.

Por isso, seja um atirador de elite, acerte no alvo, neutralize e feche a venda.

A arte de vender não pode ser a de encurralar.

Nenhuma pessoa gosta de se sentir obrigada a comprar, se sentir espremida contra a parede. Pelo contrário, quanto mais natural for a venda, mais satisfação haverá nela, e esse é o ponto forte do trabalho do vendedor, gerar essa satisfação.

Na guerra, deixar seu oponente sem saída fará com que ele lute contra você até a morte, que pode também ser a sua. Ou seja, deixe sempre uma saída, mas que ela seja a mesma porta que trará o cliente de volta e o fará fechar uma grande venda.

E, agora, você deve estar pensando:

Tudo bem, mas tenho que combinar essa velocidade com o meu cliente, que é duro de roer.

Não existe cliente fácil ou cliente difícil, existe o cliente que você molda e o cliente que você não molda.

Cliente que não diz não, não é cliente, é parceiro de boteco.

Use o negativismo do cliente a seu favor.

Todos já enfrentaram uma venda difícil e o famoso cliente "chato". Mas todos nós sabemos que não existe cliente chato, existe uma possibilidade de venda cercada de desafios.

Não é uma tarefa fácil, mas não é uma tarefa impossível. Geralmente, esse tipo de cliente pesquisou muito sobre o produto que quer comprar e se sente uma espécie de "técnico" especializado, tentando menosprezar o conhecimento do vendedor. Porém, é aí que está a grande chance de virar o jogo.

Como? Simples, aplicando todo o seu conhecimento de causa sobre o produto a ser vendido, mostrando que você sabe todos os benefícios, os prós e os contras, surpreendendo esse cliente. Uma vez surpreso com a sua destreza, ele sentirá confiança em você e, com certeza, uma venda que parecia frustrada se tornará mais uma vitória na sua batalha pela sua meta diária.

Acredito que, para vários tipos de clientes, você precisa de vários tipos de soluções.

Você deve enfrentar todos os dias uma infinidade de clientes diferentes. Alguns mais acessíveis; outros mais difíceis; outros complicados, indecisos, inseguros, seguros demais.

Enfim, para cada um, você precisa criar uma situação de venda diferente.

Aqui entra o que chamamos de feeling, *que é saber sentir e dominar a situação.*

Isso exige um grande exercício de inteligência emocional, de concentração, que fará você criar a estratégia certa para atingir o cliente de uma maneira contundente.

O vendedor, o negociador, o profissional de verdade precisa ser um cara antenado com o mundo, com a política, com a música, com a sociedade como um todo, pois só assim ele terá a capacidade de vender para uma pessoa simples ou para um CEO de uma empresa multinacional.

9. Luppa, tenho uma pequena empresa e gostaria de ter comportamento de grande empresa para um dia chegar lá. Como faço?

Comandar uma empresa ou equipe grande é o mesmo que comandar uma pequena.

E a estratégia é simples: a organização.

Para vencer qualquer batalha, seja ela um jogo de futebol, uma partida de xadrez ou uma guerra, a organização é fator determinante.

Para isso, você deve analisar todas as peças da equipe, reconhecer os pontos fortes e fracos, fortalecer as capacidades individuais, delegar funções — de modo que seus pontos fortes se sobressaiam — e fazer com que a equipe seja coesa e trabalhe com foco.

Às vezes, uma seleção só tem estrelas, mas não tem organização, o que com certeza decretará a derrota do time.

Mas se a seleção tem peças que atuam em suas funções com competência e destreza, ela vai longe.

10. Luis Paulo Luppa, a crise é eminente, o pânico está instalado, e a derrota será inevitável. Não sou pessimista, sou realista. Como sair desse estágio de perder o que tínhamos e construir o incerto?

Atenção, existe triunfo na derrota!

Você deve achar que isso é loucura. Como perder pode ser um triunfo?

Pois eu digo com toda a certeza, meu amigo, que perder pode ser um dos maiores triunfos da sua carreira. Quem nunca perdeu, não sabe o que é uma estratégia que não funciona, não sabe enxergar o macro, muito menos ser rápido na tomada de decisões.

A queda nos faz perceber o quanto precisamos nos superar, o quanto somos frágeis e o quanto temos que nos especializar cada vez mais.

Se você já caiu ou se não está satisfeito com o seu estágio atual, olhe para trás. Saiba reconhecer os seus erros, saiba aprender com eles e trace novas metas, eliminando as pedras do caminho e sendo consciente na busca pelo sucesso.

Tenha pensamento positivo e muita ação, já que pensamento ajuda, mas fazer acontecer é a melhor maneira de conquistar os seus planos.

Agora, fazer acontecer não é de qualquer jeito!

Todo grande problema tem uma pequena solução: rápida e errada.

Em todo negócio, vivemos na busca de soluções, de conquistas, de resolver problemas, e esquecemos que o caminho não é fácil. Mas o que é fácil é tomar uma atitude sem pesquisa, sem aprofundamento, para resolver qualquer tipo de problema, seja ele grande ou pequeno.

Isso é um erro comum do ser humano, que é movido pela preguiça.

A grande verdade é que o homem de sucesso não busca soluções óbvias, ele busca saídas criativas, diferenciadas, concretas e objetivas.

O bom profissional sabe que o caminho do sucesso é longo, ele dá um passo, bastante consistente, de cada vez.

Agora, para finalizar esse pingue-pongue de algumas interações que tive com inúmeras pessoas e empresas, gostaria de destacar uma fala que sempre esteve presente em meus "aconselhamentos":

Calma! Cabeça fresca gera ótimos resultados.

Um bom empresário, gestor, líder, colaborador sabe que empenho é fundamental, mas estar com a cabeça no lugar também é.

Tudo isso faz parte de um aspecto psicológico coerente para que você possa executar seu trabalho com muita competência.

Um verdadeiro guerreiro trabalha corpo e mente, mas sabe que é com o poder da mente, da concentração, que encontrará as melhores saídas para dar o melhor de si e conquistar seus objetivos.

Ficou evidente para mim que todos já estavam enxergando que estamos caminhando para um mundo novo.

Vamos ter que usar óculos ou trocar os óculos existentes para melhorar o foco, ampliar a visão e nos anteciparmos às tendências.

Como já disse, você estará sob um novo regime e terá que conhecer com profundidade as novas regras do jogo.

Só que, em tempos de guerra, regra é lei!

Por favor, respirem fundo todos vocês, deem uma pausa de um minuto na leitura e recomecem com todo vigor e foco para digerir com qualidade as *40 Leis do Novo Código da Vida e dos Negócios.*

Sejam bem-vindos ao mundo novo, aproveitem a jornada e acordem o gigante que está adormecido dentro de vocês!

PARTE II

AS 40 LEIS DO NOVO CÓDIGO DA VIDA E DOS NEGÓCIOS

Mundo novo, vida nova.

É hora de se reinventar.

O isolamento serviu para nos mostrar o quanto a vida é preciosa. Portanto, não a desperdice.

Cada dia é uma nova oportunidade para trazer à tona nosso melhor eu, para despertar o gigante que existe dentro de cada um de nós.

O que você terá acesso a partir de agora é algo de fundamental importância para quem realmente quer sair na frente na hora da retomada.

***As leis, que existem para ser cumpridas,
precisam antes ser compreendidas,
e os seus benefícios, absorvidos;
afinal de contas, é muito melhor andar
ao lado da lei do que ser marginal a ela.***

Mais do que um guia para o desenvolvimento das suas habilidades e um empoderamento qualificado para a escalada do seu sucesso, as leis certamente o motivarão a sair da inércia, a entrar em ação e a ter atitude, independentemente do estágio em que você se encontra.

Sem foco, determinação e planejamento, orientações preciosas como essas leis tornam-se pouco efetivas. É como estar fazendo a coisa errada a todo o vapor!

As leis têm outra enorme vantagem: não deixam você sonhar sem se organizar em metas palpáveis e objetivos atingíveis. Para tal, você precisa se conhecer bem, entender o que quer e aonde quer chegar, e seguir o caminho até lá.

Se você não tiver seus objetivos bem definidos, mensurar sua evolução será mais difícil, porque não haverá parâmetro. Calcular a distância entre o que você tem hoje e o que deseja conquistar fica mais fácil se você usar a régua adequada.

Veremos também a importância de saber orientar bem esses objetivos.

Quem gosta de sonho é padeiro!

Você precisa definir metas, não ter apenas sonhos. Os sonhos são cheios de glória e romantismo, e, na vida real, no mundo dos negócios, não há espaço para devaneios.

Definir metas vai ajudar você a se organizar para conquistar suas ambições aos poucos, porque nada acontece da noite para o dia.

Você aprenderá também que, se quiser ser um gigante, precisa assumir a responsabilidade pelos seus atos.

Rejeitar a realidade não a mudará!

Independentemente do que acredite, culpar a sorte, seu signo, seu destino ou as pessoas à sua volta não melhorará sua vida em absolutamente nada.

Muito pelo contrário, esse tipo de pensamento vai transformar você em uma pessoa reativa e resmungona.

PERDEDORES RECLAMAM E CONSTROEM JUSTIFICATIVAS

VENCEDORES TRABALHAM E CONSTROEM IMPÉRIOS

Reforço, com muita frequência, a importância de ter pessoas que lhe querem bem ao seu lado.

Na vida, não construímos nada sozinhos. Precisamos de parceiros, amigos, pessoas que estarão conosco para o que der e vier.

Lembre-se sempre de dar muito valor a essas pessoas, que estiveram com você na jornada rumo ao sucesso, e de recompensá-las quando você chegar ao topo. *Boas parcerias valem ouro.*

Se você quer ser bem-sucedido, precisa abrir mão da procrastinação. Essa é uma das primeiras lições dos campeões. Não existe caminho fácil para chegar ao sucesso.

Outro fator importante é saber diferenciar quem está do seu lado de quem só está interessado em colher os frutos da sua dedicação.

Algumas pessoas só aparecem quando você se dá bem e somem quando você precisa de apoio. Essas pessoas não são dignas da sua amizade, afaste-se delas o quanto antes.

Não permita que ninguém lhe diga do que você é capaz e do que não é.

Mostre às pessoas que elas estavam erradas ao duvidar de você fazendo o que ninguém espera que você faça: **conquistar seus objetivos**.

Aprenda a calar a boca dessas pessoas sem precisar abrir a sua, a dar o conhecido tapa com luva de pelica.

O autoconhecimento é primordial para que você evolua.

Conhecer suas forças e saber desenvolvê-las cada vez mais para se destacar da maioria é a enzima aceleradora do processo de evolução.

Saber quais são as suas fraquezas ajuda você a fortalecê-las e a criar o embasamento necessário para que elas não sejam um fator prejudicial à conquista.

Você aprende algo a respeito de si mesmo e dos outros todos os dias.

***A vida é um eterno aprendizado.
A humildade é o que vai fazer com que
você absorva todo ensinamento que
a vida lhe apresentar.***

Só Deus sabe de todas as coisas. Você é um mero mortal objetivando se tornar um gigante, então seja humilde e aprenda com os ensinamentos da vida.

A sabedoria não pode ser conquistada de outra forma a não ser com a experiência. Derrotas fazem parte da trajetória de todo grande campeão e, com você, não será diferente.

Se você quer aprender a lutar, vai levar uns socos de vez em quando.

O fracasso nos mostra o que não fazer, e isso é muito importante para evitar repetir os mesmos erros.

Não importa quantas vezes você vai cair, e sim quantas vai se levantar!

O mundo está sempre mudando, adapte-se. Não resista à realidade, pois ela é invencível.

Atenha-se aos seus princípios, aos seus valores, porque eles constituem a base de quem você é, mas seja flexível.

Uma pessoa que não sabe dançar conforme a música é uma pessoa fadada a dançar sozinha e, o pior, sempre fora do compasso.

Quem fracassa é quem tenta. Quem fica sentado no sofá não fracassa nunca, porque já determinou que sua vida será um fracasso total, não há como piorar esse quadro.

Você quer vencer, então vai falhar de vez em quando. Faz parte, lide com isso e siga em frente.

O fracasso faz parte do sucesso!

Mar calmo não faz bom marinheiro. É durante a tempestade que descobrimos quem realmente é capacitado e quem só estava posando de bonzão.

Se você quer ser um profissional, verá que as crises são excelentes oportunidades para aprender e se desenvolver. Não as jogue fora!

Com certeza a tempestade é a mesma para todos, mas não existe essa de "estamos todos no mesmo barco".

Alguns estão em um barco; outros, em um navio; e outros, em uma canoa furada. Se você não sabe onde está, certamente terá muitos problemas para definir aonde realmente quer ir.

Você está prestes a conhecer as **40 Leis do Novo Código da Vida e dos Negócios**. Elas são as diretrizes para uma jornada de sucesso, conquistas e realizações. Siga-as e acorde o gigante que dorme dentro de você.

Para cima!

LEI Nº 1

ASSOCIE-SE A PESSOAS QUE OBRIGARÃO VOCÊ A SUBIR DE NÍVEL

Sempre me preocupei muito com aqueles profissionais a quem delegamos a possibilidade de contratar pessoas para liderar, pois esse é um fator determinante.

Particularmente, sempre busquei pessoas mais preparadas do que eu. Seja com dons e talentos que eu não tenho, ou habilidades mais desenvolvidas do que as minhas, pois acredito que somente conseguimos formar uma equipe forte com membros fortes.

Mas a realidade que vi e vivi durante anos foram pessoas contratando subordinados incompetentes e despreparados para evitar concorrência e proteger o próprio cargo e universo de poder.

Agora reflita comigo: como subir de nível e aprimorar nossas capacidades se olhamos para as hierarquias abaixo, para nossos subordinados, e não vemos ninguém que nos impulsione a melhorar?

É mais ou menos como se você fosse escalar um time de futebol e só escolhesse os piores jogadores, porque quer se sobressair. Bem, vai conseguir, mas vai perder o jogo também. Faz sentido para você?

Um dos maiores e mais eficazes exemplos que tenho na minha vida é a união, o casamento. Detesto o ditado que diz: *Por trás de um grande homem, há sempre uma grande mulher.* Mentira! As mulheres nunca estão atrás, invariavelmente estão na frente ou, no mínimo, ao nosso lado.

Todos os homens de sucesso que tive o prazer de conhecer contavam com uma grande mulher e companheira ao seu lado, isso quando não era ela a protagonista corporativa da história.

Evoluir é como subir uma escada, ninguém o faz olhando para baixo.

LEI Nº 2

QUANDO ESTIVER ATRAVESSANDO O INFERNO, NÃO PARE!

Costumo dizer que ninguém chega ao céu sem dar uma passadinha antes lá no homem com o tridente na mão, vestido de vermelho e com um largo sorriso. Se o abraço vai ser rápido ou demorado.

O que denominamos de inferno é como se fosse um atalho malsucedido, que, em vez de acelerar e antecipar a chegada, a retarda.

Ninguém escolhe passar por maus momentos, ninguém marca encontro com a dificuldade. Mas quando ela chegar e ficar de frente para você:

Sorria para a dificuldade!

Se você estiver fugindo de um touro, a única certeza que você tem é que, se você parar, ele te atropela. A vida é exatamente assim.

Quando ela te apresenta grandes desafios e enormes dificuldades se você parar, e parar é sinônimo de desistir, ninguém presta muita atenção em você e ninguém vai te socorrer.

Então a lei que te mantém no jogo é o movimento, a *atitude.*

Não pare!

O destino é a mola propulsora que elevará seus pensamentos e fortalecerá você nesse momento; pense nele.

No mundo dos negócios, o resultado é o seu destino, e, se ele não for bem definido e você se esquecer dele, o seu esforço e o seu planejamento perderão toda a lógica.

Na sua vida pessoal, o propósito é o seu destino, que dá sentido a tudo e a todos os seus movimentos.

A vida nem sempre lhe dará flores.

LEI Nº 3

CUIDADO COM A CRÍTICA CONSTRUTIVA DE QUEM NUNCA CONSTRUIU NADA

Você provavelmente acha que isso só acontece em novela, então reflita a respeito do seguinte exemplo:

Imagine que você parou na porta de um restaurante chique com um uno mille verde modelo antigo, amassado na porta e com os vidros abertos. Como você acha que seria tratado? É provável que o manobrista nem sequer olhe para você!

Infelizmente, com uma frequência muito grande, as pessoas medem o que você é pela riqueza dos seus bens materiais. E não entendem que, ainda que essa análise fosse válida, nada é conquistado sem muito suor e esforço. Mas é claro que, quando chega a essa parte, ninguém quer meter a mão na massa.

Essas pessoas querem chegar já "sentando na janela", como diz o ditado popular. O interesse delas é exatamente no que você tem, não em quem você é. As pessoas avaliam seu *status* e aí decidem o quanto se aproximar ou, para ser mais preciso, "colar" em você.

Prestigie e valorize quem valorizou você durante a jornada, porque são essas pessoas que estão do seu lado de verdade.

E preste atenção às pessoas que só ficam por perto quando tudo vai bem. Essas pessoas não querem o seu bem, mas o bem delas mesmas, para elas mesmas. Aparecem quando você se destaca e simplesmente evaporam quando você tem uma dificuldade.

Outro tipo de pessoa com quem você deve tomar muito cuidado é com aquele que começa a conversa assim:

Posso fazer uma crítica construtiva?

Isso é simplesmente deplorável, porque essas são as pessoas que nunca chegaram aonde você quer chegar, na maioria das vezes, por mera incompetência. Mas elas querem opinar, intimidar você com suas críticas, que, de construtivas, não têm absolutamente nada, só para parecer que sabem de alguma coisa. Fuja delas!

Ninguém quer dar uma ajuda financeira, mas crítica construtiva, como é de graça, a fila dá a volta no quarteirão...

LEI Nº 4

DURMA COM UMA IDEIA E ACORDE COM UMA META

Olha só, quem gosta de sonho é padeiro.

Em vez de ter sonhos, tenha planos.

Planos são estruturados em função da realidade, têm prazos e objetivos claros. Os sonhos geralmente só têm o final, geralmente triunfal, independentemente de esforço, competência e recursos dedicados a eles.

SONHOS SÃO PERFEITOS, LOGO, NÃO EXISTEM

PLANOS SÃO SUSCETÍVEIS A FALHAS, LOGO, SÃO REAIS

Se você não sabe dizer para onde está indo, significa que qualquer lugar serve. Quem não tem metas é assim: reclama do que conquista porque não tem referência, parâmetro, não tem medida alguma.

Como você vai saber o valor, a grandeza do que conquistou, se nunca quis conquistar nada?

Tem um famoso caso de um lixeiro que ganhou na loteria, gastou toda a bolada em mais ou menos dez anos e, *adivinhe só?*, precisou voltar a ser lixeiro. Dá para acreditar nisso? O pior é o depoimento dele: "Ganhei, gastei e não me arrependo. Faria de novo." Ignorância para dar e vender.

Portanto, meu amigo, se você acordar com uma ideia daquelas sensacionais, coloque-a no papel de maneira estruturada. Caso não consiga, volte para a cama e sonhe de novo.

E quanto àquela oportunidade de ouro aguardando por você no final do arco-íris, sinto lhe informar, mas ela simplesmente não existe!

Aprenda a tirar o máximo do mínimo, a aproveitar aqueles limões que a vida lhe dá e fazer uma boa limonada. Não sabemos o resultado de tudo o que planejamos, mas sabemos que ficar parado com certeza resultará em um grande e belo nada!

Perfeito é um pretexto que encontramos para procrastinar e deixar tudo para amanhã. A pressa é inimiga da perfeição, mas a perfeição é arquirrival do suficiente. Melhor uma prática razoável do que uma teoria impecável.

Não espere até que tudo esteja do jeito que você imaginou, porque, no mundo real, isso dificilmente vai acontecer.

LEI Nº 5

FAÇA OS SEUS MEDOS TEREM MEDO DE VOCÊ

Provavelmente, você já ouviu isso, mas nossa mente é como uma esponja: absorve tudo com que entra em contato.

Cuidado com os pensamentos negativos, pois eles se multiplicam tão rápido quanto um vírus contagioso. Seus medos se alimentam desses pensamentos e podem transformar qualquer garoa em uma verdadeira tempestade.

Algumas adversidades são potencializadas pela sua imaginação. Suponha que você vai viajar e resolve refletir sobre os imprevistos que pode ter com o carro. Aí, você conheça a pensar: *certo, mas e se o pneu furar no meio da estrada e alguém estiver passando mal? Se alguma ferramenta quebrar e eu não conseguir trocar o pneu a tempo de chegar ao hospital, o que vai ser da minha família?*

A probabilidade de que um desses eventos ocorra é simplesmente mínima. A possibilidade de que ocorram ao mesmo tempo é quase inexistente. Esses são obstáculos que você mesmo estipulou e, ao fazê-lo, sentiu seus impactos antes mesmo de ligar o motor.

Você não pode deixar que possíveis empecilhos o atrapalhem a seguir em frente. Aprenda a encarar seus medos cara a cara para que *eles* tenham medo de você.

Dificuldades sempre vão existir, você é que precisa aprender a lidar com elas. Ou então elas farão de você o que bem entenderem.

Abasteça sua mente com coisas positivas, que o deixarão energizado e ativo. A Lei de Murphy diz que o que pode dar errado, dará. É bem por aí. Condicione-se a resolver ou amenizar seus contratempos, se possível, antes mesmo que eles apareçam.

Alimente sua mente e deixe que o medo morra de fome!

Imagine que você está sentando à mesa, de frente para seus medos mais profundos. O que você diria a eles?

Uma dica: ser cortês aqui não ajudará você em nada.

Seja durão e severo. Faça com que eles temam você.

Crises são como tempestades em alto-mar. Mesmo que você esteja em um barco à vela, precisa continuar navegando.

Não permita que seus pensamentos tirem sua mente do leme, pois você é o capitão, e, sem você, o barco vai afundar.

LEI Nº 6

NADA É MAIS CARO DO QUE NÃO FAZER NADA

Você sabe aonde quer chegar? Se a resposta for "não", trate de descobrir o quanto antes. O tempo que você perde indeciso custará muito caro lá na frente. Você pode mudar seus planos ao longo da vida. O importante é que tenha planos.

Ter dúvidas é inerente à vida. Dúvidas você vai ter sempre. O importante é tomar uma decisão e agir, porque o tempo passa. E passa rápido.

Nada é mais caro do que a inércia. Ela tem um custo exorbitante.

Se você realmente quer ir longe, precisa abrir mão de certas coisas. Entenda que, para realizar grandes feitos, são necessários grandes sacrifícios. Faça sempre o melhor que puder, não importa quando, onde ou mesmo as adversidades que precisar enfrentar.

Atenha-se a seus valores, princípios e objetivos, mesmo quando ninguém estiver olhando. Sentir-se capaz e ter orgulho de si mesmo é de um valor imensurável ao ser.

Por mais que você compartilhe sua vida com alguém, seus sonhos e batalhas são seus, e você deve sempre buscar alcançá-los, sem esperar que as condições sejam as mais favoráveis. Porque elas dificilmente serão.

Organize-se. Defina suas metas, estabeleça um cronograma e parta para a ação. Não fique sonhando o tempo todo, faça planos!

Esperar a oportunidade perfeita leva à procrastinação, porque você assume uma postura de espera, inércia e inatividade. Não espere, faça. O tempo não vai esperar. Ele não para com você para tomar um café com biscoitos.

Suas intenções podem ser as melhores, mas o julgamento que as pessoas fazem delas não vai fazer com que considerem você mais competente ou atribuam a você algum mérito. Ou seja, ficar cozinhando ideias e ambições não fará de você um vencedor.

Lembre-se de que você é aquilo que faz, não o que diz que vai fazer.

LEI Nº 7

SE REALMENTE QUER VOAR, RENUNCIE A TUDO O QUE PRENDE VOCÊ AO CHÃO

O que mais tenho visto por aí são pessoas transferindo sua responsabilidade, para outras ou para acontecimentos que não estão sob nosso controle.

Culpam o santo que não bateu, a sorte, o destino, até mesmo as estrelas e planetas, que estão anos-luz de distância.

Deixe-me lhe contar uma coisa: você é o único responsável por todos os passos que dá; por todas as manhãs em que resolve dormir mais e acaba se atrasando; por todos os episódios da sua série favorita a que assiste, em vez de planejar e investir em seu futuro.

Não transfira a responsabilidade das suas escolhas para os outros, o único responsável pelas suas atitudes e escolhas é você!

Você precisa virar uma máquina de absorver conteúdo? Não! Estou sugerindo apenas que encontre o equilíbrio entre os momentos de lazer e os de autodesenvolvimento.

Tem gente que quer ir longe, mas não se dá ao trabalho de dar os primeiros passos. Sair da zona de conforto é trabalhoso e cansativo, por isso muitos reclamam e poucos fazem a diferença. Se você quer voar, precisa se libertar do peso que prende você ao chão.

PLANEJAR E EXECUTAR: NÃO HÁ SEGREGO ALGUM, É PEGAR E FAZER

ESTOU FALANDO DE **LEVANTAR DO SOFÁ** E **IR À LUTA TODOS OS DIAS**

Não está satisfeito com sua realidade? Mude-a da maneira que for possível. Ainda que seja aos poucos, mude. Acorde mais cedo. Gaste menos tempo com atividades que não agregam nada a você. **Seja mais!**

Ninguém disse que vai ser divertido. Ninguém disse que vai ser fácil. Na vida, tudo tem um preço.

Não dá para construir o sucesso jogando tênis todos os dias às nove da manhã.

Renunciar é dormir em aeroporto porque perdeu o voo, pular de hotel em hotel, trabalhar quando seus amigos estão na praia e planejar quando as pessoas estão dormindo.

Renunciar é estar ausente no aniversário do seu pai; é quando seu filho convidar você para jogar bola, você dizer que tem uma reunião; ou sua esposa telefonar e você não conseguir atender.

Quanto maior o sacrifício, maior a recompensa.

LEI Nº 8

O IMPOSSÍVEL É POSSÍVEL, DESDE QUE VOCÊ FAÇA O IMPREVISÍVEL

Você já viu alguém melhorar de vida sem mudar de hábitos? Vale ressaltar que aqui não estou falando de ganhadores da loteria, ok?

Grandes conquistas não vêm fácil nem de graça. **Mudanças são necessárias, e a grande maioria delas envolve muito esforço, dedicação e sacrifícios.**

E, bem, essas três coisas têm algo em comum: são desafiadoras. Poucas pessoas apreciam desafios. A maioria gosta de comodismos.

Dica importante: *O comodismo pode sugar toda sua vontade de viver.*

Lembre-se de que existe um caminho para chegar aonde você quer, por mais penoso que seja. E, se você acha que não está mais perto desse lugar a cada dia, é porque está indo pelo caminho errado e precisa refazer seus planos.

Imagine como o primeiro gol de bicicleta foi impactante. À época, ninguém nunca havia visto aquilo: um jogador colocar a bola na rede chutando-a por cima do corpo. Simplesmente genial.

O nome disso é inovação.

Fazer o inesperado, o imprevisível, e surpreender é definitivamente uma enorme vantagem competitiva.

As grandes batalhas foram vencidas assim: efeito surpresa.

Você não precisa se preocupar em ser um gênio, mas em ser o melhor que puder. Não questione se será o bastante, porque isso leva à ansiedade. Pense que isso com certeza levará você bem longe, mais do que não se esforçar para ser melhor a cada dia.

Entenda que a maioria das pessoas não age dessa forma. Faça o que os outros não esperam, porque eles esperam que seu desempenho seja como o deles: medíocre. Grandes realizações não vêm de atitudes medíocres.

E vou logo avisando que a maioria das pessoas não vai entender o que você está fazendo. Porque elas aprenderam a pensar dentro da caixa e não têm a menor intenção de sair dela.

Eu queria entender o prazer que as pessoas têm em ficar dentro dessa caixa. Imagino que deve ser bem espaçosa, aquecida e confortável, e ter vista para o mar, porque ninguém gosta de lidar com a realidade fora dela!

Mentes fracas nunca vão entender suas iniciativas. Lide com isso!

LEI Nº 9

QUANDO VOCÊ É ÁGUIA, É NORMAL QUE NÃO SE SINTA BEM ENTRE AS GALINHAS

Tenho certeza de que, se você quer se tornar ou já se tornou um gigante, passou por momentos de desconforto com algumas pessoas. E tenho certeza de que, por mais agradável e respeitoso que você seja, algumas ainda parecem não gostar de você.

Bem, eu estranharia se você me dissesse que não. Afinal, estamos falando de você ter um desempenho melhor do que a média geral. As galinhas se sentem ameaçadas quando veem uma águia por perto. É compreensível não se sentir bem com as pessoas lançando olhares hostis e demonstrando reprovação por você ter acertado.

Sabe aquela música que diz: "Um elefante incomoda muita gente, dois elefantes incomodam muito mais"? Descobri que alguém querendo ser um gigante incomoda muito mais do que uma manada inteira!

Entenda que algumas realidades não fazem parte de você. Ou melhor, que você não faz parte de algumas realidades. Observe tudo de cima, não com arrogância, mas com critério e projeção. Procure enxergar o mundo através de uma perspectiva ampla.

Não se trata de ser melhor do que as pessoas, mas de ser melhor do que você mesmo foi ontem, de buscar sua própria evolução. E isso só acontece quando o contexto em que você está o impulsiona a fazer isso.

Quando a maré sobe, ou você aprende a nadar ou morre afogado. Procure, na medida do possível, estar em um ambiente desafiador. Se você acha que é a pessoa mais inteligente da mesa, está na mesa errada!

Busque ambientes e relacione-se com pessoas que têm os mesmos objetivos que você. Procure agregar valor para elas, pois são essas pessoas que têm a capacidade para reconhecer seu talento e esforço.

Junte-se com as outras águias para que você voe alto e pare de ciscar com as galinhas.

Pessoas de nível cultural inferior ao seu, com discurso pobre, comportamento perdedor, pessimistas e que passam o tempo todo procurando em quem colocar a culpa são as galinhas.

Simples assim!

LEI Nº 10

EXPERIÊNCIA TEM A VER COM DANOS, NÃO COM ANOS

As pessoas mais vividas não são as que viveram muito tempo, mas as que tiveram grandes experiências. E, por trás de cada grande experiência, há uma história de superação e sacrifício.

A forma como enxergamos a nós mesmos é diretamente influenciada pelas nossas experiências, mais do que pela nossa autoconsciência. São as experiências e a maneira como escolhemos lidar com as perdas e os danos que nos tornam o que somos.

Orgulho e ego são fatores tão necessários ao sucesso quanto honra e dignidade. Não estou falando de se achar superior, mas de conhecer seu valor. Isso muda completamente a maneira como você enxerga a si mesmo e encara as adversidades que a vida impõe.

Deus escreve certo por linhas tortas. Ele coloca obstáculos no seu caminho para que você aprenda a pular, mas a decisão de tomar impulso precisa vir de você.

Não desista se não conseguir. Saiba aprender com suas falhas. É perdendo que aprendemos a ganhar.

Cuidado, pois o aprendizado não está necessariamente relacionado à perda. Isso depende da forma como você entende e encara os danos que sofre.

Ficar se sentindo um coitado ou lamentando pelos cantos não vai agregar nada de positivo para você. Talvez desperte a compaixão das pessoas, mas você não deve depender disso.

Respire fundo, seque as lágrimas, erga a cabeça e siga em frente!

Muitas dessas perdas custam muito caro, mas retribuem algo que é imensurável: *conhecimento*. Não há nada tão importante quanto conhecimento na vida.

É através desse conhecimento que conquistamos o sucesso, porque ele nos mostra, acima de tudo, o que não fazer.

Sempre que você olhar para alguém que está no topo, pense nos sacrifícios que essa pessoa precisou fazer para chegar até ali. Com certeza, não foram poucos.

Pense que a dor é a fraqueza indo embora. É como cair: machuca, mas o deixa mais forte. A dor é um mal necessário para que se adquira sabedoria.

Experiência nada tem a ver com o tempo que você viveu, e, sim, com o que você fez com esse tempo!

LEI Nº 11

SE AINDA NÃO CONSEGUE CORRER, CAMINHE!

Um passo de cada vez. O importante é que você esteja na direção certa.

Faça o que puder. Muito cuidado para não cair no comodismo e ficar estagnado. A estagnação fará com que você perca algo valiosíssimo: **tempo**.

Não enrole. Coloque em prática o que você determinou que é necessário fazer para chegar aonde quer. Ainda que seja por alguns minutos por dia, faça.

Não caia na ilusão de achar que pouco e nada são a mesma coisa, porque são coisas infinitamente diferentes. Esse pensamento turva sua visão, fazendo com que você perca oportunidades.

Não existe momento melhor para agir do que o momento em que você decide agir!

Simplesmente não há nada pior do que esperar pela condição ideal. Defina suas metas hoje, agora. Esteja preparado para quando a oportunidade aparecer, como for possível.

E lembre-se de que o tempo não volta. Ele é o recurso mais precioso e escasso que temos, por isso, não o desperdice.

Estar preparado não significa ser necessariamente o melhor, mas saber resolver problemas gastando o mínimo de recursos, no menor tempo possível. Nas práticas do cotidiano, quem se sobressai não é quem sabe mais, mas quem resolve mais problemas ou simplifica processos. Isso vale para qualquer ramo de atividade profissional.

Você não precisa ser nenhum gênio, só precisa ter atitude!

Não adianta saber tudo se você não entende como usar o que sabe. De nada serve o conhecimento se você não sabe aplicá-lo.

Estou falando de ter prontidão, de abraçar a vida como ela é.

Se você não consegue correr, caminhe. Se tiver dificuldade em caminhar, rasteje. Mas continue sempre seguindo em frente.

LEI Nº 12

PERIGO + MEDO = PÂNICO

Situações de perigo têm o potencial de nos deixar em pânico. Nunca deixe que isso aconteça.

Pânico é quando o medo assume o controle da situação. Você não pode permitir isso, porque o pânico conduz a decisões precipitadas e irracionais. Você precisa estar no controle o tempo todo, sempre.

Veja essa última crise, o pânico se espalha tão rápido quanto seu desejo de que ela passe, gerando ainda mais adversidades e infortúnios.

Uma pessoa com medo é o hospedeiro perfeito para o vírus do pânico, porque ele se alimenta do medo. É durante os tempos difíceis que o pânico se fortalece e se multiplica, causando o mesmo efeito em todos ao redor e uma verdadeira avalanche de mais adversidades.

Corajoso não é quem não sente medo, mas quem o enfrenta. Sentir medo é normal e, até certo ponto, coerente. O medo tem um quê de bom senso. É ele que, às vezes, nos inibe de tomar certas atitudes precipitadas.

A questão é saber conversar com o medo e, principalmente, tomar cuidado para que ele não dê vasão ao pânico.

Pense positivo.

Não é papo furado, não. Sua mente precisa obedecer a você, não o contrário, então mostre a ela quem está no comando.

Pensar no pior só vai dificultar as coisas. Esteja preparado para a tempestade, mas sempre mantenha os dias ensolarados em mente.

Como se não bastasse a vida colocando algumas pedras no caminho, a gente acaba pondo mais algumas. Curioso, não?

Entenda que crises não são invenções da modernidade. Elas sempre existiram, em versões, proporções e contextos diferentes. A história está permeada delas, e nossos tempos não são diferentes.

O que devemos fazer é buscar meios para evitá-las, amenizá-las quando já tiverem tomado a cena, e seguir em frente. Não há alternativa.

Para tornar-se um gigante, você precisa aprender a gerenciar suas emoções. Essa é uma habilidade rara, certifique-se de desenvolvê-la!

LEI Nº 13

APRENDA A CALAR A BOCA DOS OUTROS SEM ABRIR A SUA

O primeiro idioma que você deve aprender a dominar é o silêncio. Ele não demonstra fraqueza, mas plenitude e grandeza de espírito. O silêncio, em grande parte das vezes, é a melhor resposta.

Quando provocado, ficar em silêncio não significa levar desaforo para casa, mas evitar reagir de forma emocional quando o mais coerente é reagir de forma racional.

Não desperdice seu talento e experiência com pessoas e situações que não valem a pena.

Volte sua mente para a produtividade e a prosperidade. Intrigas são entretenimento para pessoas com mentalidade fechada e atitude reativa. O mundo está cheio de pessoas assim.

Faça-me um favor: Não seja mais uma delas.

É claro que todos podem ser pessoas melhores e mais sábias, e cabe a nós também incentivar que isso aconteça. Mas o caminho que leva ao conhecimento passa pela mudança, e não é todo mundo que está disposto a fazer essa caminhada.

As pessoas perdem muito tempo discutindo coisas irrelevantes, como os afazeres alheios.

Em nada me interessa o que Fulano fez ou deixou de fazer. Eu prefiro discutir ideias. São as ideias que movem o mundo. E é através delas que conquistamos soluções para as dificuldades e fazemos melhorias em nossas vidas.

As ideias geram oportunidades para a inovação. Fofocas, assim como outras formas de entretenimento barato, só geram oportunidades para conluios.

Esse tipo de hábito só serve para minar o desenvolvimento e dificultar o progresso, o que acaba prejudicando a todos.

Desenvolva bons hábitos. Seja mentalmente saudável. Contagie as pessoas ao seu redor com sua capacidade de enxergar soluções. Isso o levará longe e fará com que as pessoas ao seu redor o admirem. Pense grande para ser grande.

As suas atitudes é que vão dizer quem você é. Aprenda a argumentar com atitudes, porque são elas que vão calar a boca dos outros sem que você precise abrir a sua.

O silêncio é quase sempre a melhor cena do filme. Se você estiver falando sem parar, vai sair do cinema dizendo que não curtiu muito ou não entendeu a história.

LEI Nº 14
CONTRIBUA PARA O SUCESSO DE TODOS AO SEU REDOR

Ninguém faz nada sozinho. Esse é um fato inquestionável.

Essa crise gerada pela pandemia serviu para nos mostrar que somos vulneráveis, independentemente de orientação política, religião ou classe social. Agora parece óbvio, mas pouco antes do *lockdown*, a humanidade estava completamente absorta no individualismo. O sofrimento tem essa peculiaridade de nos obrigar a refletir sobre a vida.

Esse individualismo é detestável por inúmeros motivos. O primeiro é o fato de que as pessoas perdem a capacidade de ser solidárias. Acho que as pessoas pensam estar perdendo quando ajudam alguém, que fizeram muito em somar para elas mesmas e que isso é suficiente.

Você tem capacidade de sobra para agregar para você e para muitos outros. Não desperdice quem você é sendo mesquinho.

Vale ressaltar que não estou restringindo essa regra à solidariedade financeira. Estou falando da sua capacidade de ser humano. Não pense que, ao ajudar o colega do lado, você está ampliando a concorrência. Esse é um pensamento restrito e ultrapassado. Se você deseja crescer, aprenda a ser solidário.

Seja um doador de soluções e emoções!

Procure agregar valor a todos que estão ao seu redor. Contribua com o sucesso deles, e você conquistará respeito e admiração.

Ajudar os outros a melhorar fará com que você conquiste as pessoas e o tornará ainda mais refinado. É no próximo que descobrimos nossas maiores virtudes.

Ser solidário é enaltecer uma das maiores virtudes do ser humano: o altruísmo. Desenvolver nossas habilidades é incrível. Convencer o outro dos talentos que ele tem, e não sabe, é simplesmente admirável.

Olhe para o mundo ao seu redor. Ele não gira em torno de você. Existem muitas pessoas que precisam da sua ajuda, do seu talento, da sua capacidade de liderá-las e de despertar dentro delas o melhor que têm.

A solidariedade é um exercício que contribui enormemente para o autoconhecimento e potencializa o desenvolvimento dos demais.

E não se esqueça: As pessoas precisam de você, assim como você precisa delas. Se não fosse assim, cada um de nós viveria em um planeta diferente.

Afinal de contas, para que viver em coletividade se não tivermos o propósito de ajudar o próximo?

LEI Nº 15

SEJA FRIO, CIRÚRGICO E CALCULISTA AO ASSINAR PACTOS E ACORDOS

Quem dera todas as pessoas fossem dignas da nossa confiança. Quem dera não existisse a necessidade de precaução.

Mas você sabe bem que a vida não é assim. Hoje em dia, no mundo em que vivemos, a confiança é um elemento cada vez mais raro, tanto nos relacionamentos pessoais quanto nos corporativos.

Certifique-se de estar sempre atento para não ser prejudicado por pessoas mal-intencionadas. O que mais tem por aí é gente a fim de tirar alguma coisa de você, de obter vantagem em cima do seu esforço. Todo cuidado é pouco.

É a velha história do malandro tentando dar uma de esperto.

Não há esperteza nenhuma em sabotar os outros.

Essa é uma atitude vulgar e retrógrada, que só serve para manchar a imagem de quem a pratica. Não há nada tão negativo quanto a má reputação.

Malandro é o cavalo marinho que se finge de peixe para não ter que puxar carroça.

Parece óbvio, mas uma das coisas que você pode fazer para se proteger é ler e reler, com calma e ajuda especializada, seus contratos. Isso pode evitar que você caia em uma cilada. Veja se o que está descrito é o mesmo que foi combinado. Se tiver alguma dúvida sobre o conteúdo, consulte seu advogado. Não assine nada se não estiver plenamente seguro de que tudo está nos conformes. Olho vivo!

E procure não levar isso a um nível que afete a qualidade do seu cotidiano.

Confie nas pessoas que você escolheu para fazer parte da sua jornada, pessoal ou profissional. As pessoas costumam perceber quando desconfiamos, o que enfraquece os relacionamentos e gera um clima péssimo. Se você escolheu essas pessoas para estarem perto de você, com certeza teve seus motivos. Confie nelas.

Caso esteja em uma situação em que não quer transparecer a necessidade da verificação, procure deixar as assinaturas para um encontro posterior. Isso vai lhe dar tempo para fazer as análises que julgar necessárias.

E lembre-se: você não precisa de um papel para fazer um contrato.

Quando você assume um compromisso verbal com alguém, está automaticamente se comprometendo.

Pactos, acordos, combinações, parcerias, ajustes, alinhamentos, fazemos todos os dias. Seja seletivo.

LEI Nº 16

FAZER O BEM FAZ BEM

Sabe aquela máxima: "Bonzinho só se dá mal?" Aí você pensa nela e me fala: "Isso daí é a maior verdade, fazer o bem não leva a lugar nenhum!"

Alto lá, meu caro!

Ela tem seu fundo de verdade, sim, mas ser bonzinho é diferente de fazer o bem, e muita gente por aí confunde.

Bonzinho é aquele cara que se submete à vontade alheia sem nem questionar se faz sentido ou se é a melhor opção para todos e para si mesmo. Está sempre querendo agradar os outros, invariavelmente um passivo e omisso bajulador.

Esse tipo de gente é perigoso, porque não se sabe quais são suas reais intenções. E, além disso, o tiro pode sair pela culatra, porque quem adota essa postura de "bonzinho" acaba prejudicando mais do que ajudando. É necessário ter senso crítico para agregar valor.

Quer encontrar os perdedores? Comece a lista pelos bonzinhos.

Diferente de ser "bonzinho", fazer o bem é somar para o próximo, ajudá-lo a trabalhar suas dificuldades e potencializar seus talentos.

Fazer o bem é pensar no todo, entender que você não está sozinho no mundo. É dar sem esperar nada em troca, apenas pela atitude em si.

Fazer o bem não só refina o caráter, enobrece a alma e dá a sensação de missão cumprida, de propósito na vida. Fazer o bem edifica.

Quem faz o bem, além de contribuir, vira referência e atrai coisas boas. Pessoas que definem essa prática como um de seus princípios de vida são cada vez mais raras hoje em dia. Com isso, acabam atraindo muita gente, afinal, quem não gosta de ficar perto da luz?

O BEM **SE PROPAGA**

O BEM **ABRAÇA**

Aproveitadores sempre existirão, por isso, basta ter cautela. Um olho no peixe e o outro no gato!

Isso jamais deve ser motivo para inibir você de praticar o bem, muito pelo contrário. Só deve impulsioná-lo a fazer cada vez mais.

Normalmente, o cara que pratica o bem é visto como o otário de plantão. Pode até ser, se você olhar de baixo para cima, mas quando olham lá de cima para baixo, é bem diferente.

Fazer o bem faz bem. Não espere, comece agora.

LEI Nº 17

O MUNDO NÃO LIGA PARA AS SUAS DESCULPAS

Sejamos sinceros. O que você prefere? Um funcionário brilhante e com grande potencial, mas que costuma ter dificuldades na hora do vamos ver, ou um funcionário não tão excepcional que erra, insiste, aprende e sempre dá conta do recado?

Tenho certeza de que você escolheu a segunda opção. Isso porque, no final das contas, quem faz a diferença é quem chega e faz.

A vida não espera. Muitos entendem isso como algo negativo, encarando a vida como um trator que destrói o que está pelo caminho.

Mas não é nada disso. A beleza do dinamismo do nosso mundo está em seu potencial renovador.

A diferença entre a pessoa que vive reclamando daquela que simplesmente age é meramente uma questão de postura. Não se permita ser controlado pelos contratempos e intempéries, use-os a seu favor.

O mundo não dá a mínima para as suas desculpas. Ele não para porque você tem um problema, esperando pacientemente que o resolva.

Mas entenda que, da mesma forma, ele não congela você dentro dessa situação. Quem faz isso é você mesmo.

E quem se profissionaliza em criar um arsenal de justificativas só está perdendo um tempo precioso, irrecuperável de realizar ou tentar realizar ou pedir ajuda para realizar ou se preparar para realizar.

A vida segue, e você tem que escolher entre seguir com ela, dominar suas rédeas, ou se escorar em desculpas que justificam sua estagnação.

Sim, estagnação é uma escolha, não uma condenação, como muitas pessoas acreditam e afirmam.

Portanto, faça, faça e faça mais. Não pare para se justificar.

A estrada da vida não é uma reta tranquila, e, sim, uma pista cheia de curvas, *e ainda bem.*

Chegar em primeiro lugar não é ser escolhido pelo destino, ser sorteado na loteria da vida, ter um talento natural prodigioso que não demanda esforço. Só chega em primeiro quem age, quem segue correndo, independentemente dos calos.

Detesto quando dizem: *Estou correndo atrás, chefe...*

Quem corre atrás não chega em primeiro, chega em segundo.

Você pode continuar onde está, confortável com suas desculpas, ou pode se levantar e mudar o rumo da sua história.

E aí, que desculpa você vai dar agora?

LEI Nº 18

AJUSTE O FOCO O TEMPO TODO

Gosto muito de uma frase famosa do escritor Peter Drucker, que diz: "Não há nada tão inútil quanto fazer eficientemente o que não deveria ser feito." Se você realmente quer ser bem-sucedido, escreva essa frase em um papel, cole onde possa ver todos os dias e lembre-se dela toda vez que se desvirtuar dos seus objetivos.

Parece simples, mas é importante que você lembre a si mesmo da importância de manter o foco, com certa frequência.

O tempo é como um carrinho de fricção: só anda para frente, nunca para trás. Ninguém pode voltar no tempo.

O tempo é um cara muito gente fina, determinou que um dia duraria 24 horas em qualquer canto do mundo, para todas as pessoas. Muito justo.

Você é que escolhe o que fazer com ele.

Por mais complicado que seja, sempre há algo que pode ser feito. O tempo é uma das poucas coisas que você não pode mudar, e, portanto, se você não tem foco, está jogando seu tempo no lixo.

Muito importante: foco tem a ver com prioridade e objetivos. Se você focar o que é dispensável, estará construindo uma enorme lista de pendências que afastarão você da linha de chegada.

Oriente sua vida em direção ao amanhã. Não fique dando voltas em erros que cometeu, em coisas que deveria ter feito, porque isso é nada mais do que simples e pura perda de tempo.

Ajustar o foco é ganhar tempo!

O tempo é generoso conosco, ele nos dá a oportunidade de tentar de novo. Aprender com seus erros só tem valor se você orientar esse aprendizado para um recomeço cheio de novos planos.

Não se limite, tudo é possível para quem acredita e busca objetivos.

Projete todo seu potencial para as conquistas que deseja obter. Dedique toda a essência de quem você é ao propósito da sua vida. Seja como uma águia mirando sua presa: implacável.

Olhe em volta e veja quantas coisas boas você pode conquistar. Tudo passa. Não olhe para trás, não é para lá que você quer ir.

Foco é olhar para frente!

LEI Nº 19

NA PAZ, ESTEJA PREPARADO PARA A GUERRA!

As crises são iminentes, nem sempre é possível prevê-las. Você tem que estar preparado para quando elas emergirem. Em tempos de paz, esteja com seu exército sempre pronto para o combate.

Esteja pronto para as crises, porque elas chegam mostrando a que vieram. Crises não conhecem diplomacia nem cordialidade.

Durante o colapso, você tem que agir como um general em tempos de guerra: ser firme e combater sem pena. Estou falando de armamento pesado, lutar para valer. A crise não vai agendar uma reunião e avisar a você que está chegando, não. Ela vai é dar um belo chute na porta, e salve-se quem puder!

É tudo uma questão de postura, de saber encarar o desafio cara a cara, estufar o peito e partir para a briga.

Aqui vai uma dica: nunca deixe sua guarda baixa durante o combate. Aprenda a se defender e a atacar no momento certo, ninguém está no mercado para brincadeira!

E fique sempre ligado quando a crise se amenizar. Nesses momentos, ela pode voltar com ainda mais fúria. Aproveite essas oportunidades para investir contra ela sem pena, porque, se ela se levantar, não vai ter pena de você e das pessoas ao seu redor.

Entenda que, se você quer ser um gigante, vai encarar crises gigantes. Quem tem problema pequeno é peixe pequeno, que pesca com vara. A crise pesca com rede. Você tem que ser um grande tubarão para arrebentá-la quando ela tentar capturá-lo.

Se você se contentar em ser um peixe pequeno, tem que se contentar em ficar no lago, ou então vai ser devorado pelos outros peixes maiores, ou acabar nas redes de alguma crise.

Lembre-se de que toda superação vira aprendizado e o deixa mais forte para encarar a vida e para nadar cada vez mais longe.

EM TEMPOS DE PAZ, O GENERAL ESTÁ PREOCUPADO SE O TANQUE ESTÁ ABASTECIDO E O QUARTEL, LIMPO

EM TEMPOS DE GUERRA, É FUZIL NAS COSTAS, METAS CLARAS E SANGUE NOS OLHOS

Então, mantenha o quartel limpo e o fuzil engatilhado!

LEI Nº 20

PRATIQUE O ISOLAMENTO PELO MENOS UMA VEZ AO ANO

Uma das maiores virtudes do ser humano é saber enxergar oportunidades onde os outros enxergam dificuldades.

É aquele algo dentro de nós que nos mostra uma luz no fim do túnel onde todos estão vendo o trem se aproximando.

Mais uma vez, é tudo uma questão de ponto de vista. As pessoas mal preparadas enxergam na solidão uma brecha para o desespero.

Pessoas seguras enxergam uma oportunidade para a reflexão e o autoconhecimento.

Vivemos em um mundo extremamente interconectado, dinâmico e instantâneo. O irônico é pensar que, apesar de ser definida por muitos como a Era da Informação, as pessoas nunca estiveram tão desinformadas quanto nos dias de hoje.

Esse excesso de informação a que somos expostos todos os dias prejudica nossa sensibilidade, aquele instinto natural que temos para perceber detalhes e oportunidades, fundamental no mundo dos negócios.

Por isso, recomendo que pratique o isolamento pelo menos uma vez ao ano. Faça uma viagem com sua família para um lugar calmo e sereno.

Procure se desconectar de todo excesso de informação possível. Aproveite esse período para dar atenção a seus filhos, a sua esposa, à vida e a si mesmo. Garanto que você vai sentir seu espírito renovado.

A solidão momentânea é uma excelente oportunidade para refletir. Pense nas coisas que conquistou, em como seus planos têm dado certo, em como você é abençoado por ter chegado aonde chegou.

Pense nos objetivos que quer alcançar e em como está perto de consegui-los. Aproveite para agradecer a Deus pelas oportunidades que Ele deu a você.

Ficar sozinho não é um castigo, é um presente. Uma oportunidade para acalmar a mente e conversar consigo mesmo.

Coloque aí na sua agenda uma reunião com você mesmo.

Você merece!

LEI Nº 21

É MELHOR TER SANGUE NOS OLHOS DO QUE LÁGRIMAS

Guerra, meu amigo. *O mercado é uma guerra.* Quem tem pena é galinha.

No mercado, as pessoas precisam ter conhecimento, persuasão e poder de ataque. Se você ainda não tiver adquirido essas habilidades, trate de fazer isso o quanto antes, ou o mercado vai engolir você.

Não faça o que todos estão fazendo, seja inovador. Desenvolva suas próprias estratégias e teste-as na prática. Se não funcionarem, reformule-as ou parta para outras. Não perca tempo cozinhando demais uma ideia, errar é inerente ao dinamismo do jogo.

Você precisa ter atitude e ser adaptável, porque as mudanças acontecem muito rápido. Se você quer ser grande, precisa pensar grande e ter grandes atitudes.

Não adianta esperar pela sorte. Pensar demais e não agir também não vai mudar nada. Uma coisa é certa: conseguem os que tentam. Você pode ser um deles, *basta fazer*.

Falhas são inerentes, não se atenha a elas. O segredo é errar, reformular a abordagem e tentar de novo.

Seja persistente. Nada acontece de uma hora para a outra.

A estrada que leva até o sucesso é longa e cheia de curvas. Corra. Se cair, levante-se e volte a correr. Essa é a essência da conquista.

Algumas coisas são imprevisíveis, mas isso não é uma desculpa para ser pego desprevenido. Esteja pronto para os imprevistos. Seja como um pitbull protegendo seu lar: uma verdadeira fera pronta para o ataque.

Acredite quando digo a você que é melhor ter sangue nos olhos do que lágrimas. O sangue intimida o oponente. As lágrimas fazem com que ele se sinta mais forte.

Não conheço ninguém que fica se lamentando com os olhos marejados e atrai bons negócios, uma linda mulher ou grandes amigos. Pelo contrário, as lágrimas nos olhos vão extirpar você do convívio social que poderia alavancar seus projetos e sua vida.

Na selva em que vivemos, sangue nos olhos intimida e gera valor, enquanto lágrimas tiram você do jogo.

LEI Nº 22

SEJA MAIS FORTE DO QUE SUA MELHOR DESCULPA

Pessoas incompetentes adoram dar desculpas. Se essas mesmas pessoas usassem a criatividade que têm para pensar em soluções, estariam bem mais satisfeitas consigo mesmas e com seus resultados.

Vamos combinar uma coisa aqui: *Você não vai ser assim.* Você vai ser diferente. Você tem um compromisso comigo a partir de agora, e, acima de tudo, com você mesmo. Honre esse compromisso.

Competência não é uma dádiva que cai do céu, mas uma habilidade que exige aprimoramento constante para que se alcance um nível de excelência.

Se o seu objetivo é ser menos do que excelente, você está com a cabeça no lugar errado. Se você pode chegar em primeiro lugar, porque insiste em focar a medalha de prata?

Ser competente tem a ver com ser seu melhor eu. Para isso, é necessário que você se conheça. Se você ainda não sabe quem é, procure no seu cotidiano aquilo que lhe dá vontade de viver. Inspire-se.

Uma pessoa que não quer chegar a lugar nenhum só sobrevive. Isso não é saudável. Busque a felicidade que existe dentro de você.

Procure saber do que você gosta e não gosta. Na vida, é necessário que façamos os dois, mas é o que você realmente deseja que motivará você a superar as adversidades e a seguir em frente. Sua felicidade é muito importante, não a ignore.

GOSTAR DO QUE FAZ **É BEM DIFERENTE** DE FAZER O QUE GOSTA

Conheça suas forças e fraquezas. Potencialize seus talentos e reveja suas carências. É muito importante que você tenha essa autoconsciência, que saiba o que faz bem e o que precisa melhorar.

Com essa atitude, meu amigo, você vai voar muito alto.

Normalmente, a vida convida você a desistir, e é nesse momento que você precisa da desculpa para justificar porque não deu, porque está desistindo.

Seja forte e não desista. Desistir é a parte mais fácil do jogo, qualquer um pode desistir. Mas ***você*** não é qualquer um!

LEI Nº 23

APRENDA A SE LEVANTAR SEM AJUDA DE NINGUÉM

Você precisa ser autossuficiente. Não dá para contar com ajuda nos dias de hoje. Os cenários estão cada vez mais tensos, e os mercados, cada vez mais competitivos.

Não estou falando que as pessoas são egoístas, mas falo da quantidade de compromisso com que precisam arcar diariamente. Já é difícil sobrar tempo para elas, imagine para ajudar você!

Por isso, você precisa aprender a se reerguer sozinho.

Dificilmente você vai receber ajuda, e, caso alguém lhe ofereça, é muito provável que lhe cobre mais tarde. *Essa é uma situação que, na maioria das vezes, simplesmente não vale a pena.*

Mesmo que você tenha ao seu lado pessoas com quem pode contar, deve entender que suas batalhas são exclusivamente suas, e que **você é o herói da sua própria história**.

Logo, não seria diferente com suas quedas.

Você é diretamente afetado por tudo o que faz, então precisa ter sempre em mente essa responsabilidade consigo mesmo. Se reerguer é trabalhoso e exige que você seja forte.

Lembre-se de que ninguém nasce com essa característica. Ninguém nasce preparado. O desenvolvimento pessoal é algo que continuamos aprendendo por toda a trajetória da nossa vida.

O que recomendo é que você comece a buscar sua independência o quanto antes, porque não há sensação mais tranquilizadora e gratificante na vida do que estar seguro consigo mesmo.

Quanto menos você depender dos outros, melhor. Não há na vida maior motivo de paz do que termos o controle sobre nossas escolhas e nos sentirmos aptos a lidar com as consequências delas.

A VIDA É COMO UM JOGO EM QUE SEU MAIOR ADVERSÁRIO É VOCÊ MESMO EM UMA FASE ANTERIOR. TRATA-SE DE UMA DISPUTA ENTRE SEU EU DE HOJE E SEU EU DE ONTEM

A chave está no autodesenvolvimento, não na competitividade.

É você contra você!

LEI Nº 24
A ANSIEDADE NÃO É UMA BOA ALIADA

Existe uma diferença drástica entre fazer planos e criar expectativas.

Organizar-se para desenvolver suas habilidades visando melhores oportunidades é **planejar**.

Sacrificar momentos importantes para aprender algo complexo em pouco tempo, na esperança de receber aquela promoção que vai acontecer na próxima semana, é **criar expectativas**.

Expectativas podem ser frustradas. Planos têm a viabilidade de ser adaptados.

Na vida, é preciso ter jogo de cintura. Não viva em função do que os outros colocam para você, viva em função do que você quer conquistar.

Expectativas causam ansiedade, e ela não ajuda. Faça planos, porque planos geram motivação.

A ansiedade é uma grande inimiga, não espere nada de diferente dela. Cultivar bons sentimentos é essencial à felicidade.

Seu coração é como um campo fértil: dará os frutos das sementes que você plantou. O equilíbrio entre uma vida prazerosa e o autodesenvolvimento é a chave para qualquer sucesso, porque *não existe sucesso algum sem vontade de viver.*

Acredito que a felicidade vem desse equilíbrio. Não podemos sacrificar tudo visando obter sucesso porque precisamos de motivação. Precisamos ter desejos, vontades, objetivos.

Então, muito cuidado com a ganância. O que você precisa ser é ambicioso.

A diferença entre ganância e ambição é saber dosar as coisas. É saber tomar decisões e manter a mente tranquila. O ganancioso quer tudo. O ambicioso sabe o que quer.

Criar expectativas é diferente de ter planos, de ter objetivos. O mundo muda o tempo todo, esperar algo dele não é uma decisão sábia. Devemos esperar retornos apenas de nós mesmos.

Não perca sua vida na ansiedade de ganhá-la!

LEI Nº 25

NÃO RESISTA. ADAPTE-SE!

Você tem que ser como á água: assumir diversas formas de acordo com o espaço em que está.

Resistir levará você à pobreza. Você precisa se adaptar à realidade.

Ficar batendo de frente com o chefe não é sinal de valentia nenhuma. Discutir assuntos polêmicos no trabalho não faz você parecer intelectual, muito pelo contrário.

As pessoas detestam gente metida a besta, principalmente gente que gosta de aparecer.

Seja gentil.

Não estou falando de ser bajulador, estou falando de ser agradável. Quem não gosta de ficar perto de pessoas agradáveis que enriquecem o ambiente?

Adapte-se ao contexto em que você está. Assim como não dá para encaixar um plugue antigo em uma tomada moderna, você não vai se encaixar se não aprender a ser flexível.

Pare de resistir às mudanças, elas vão acontecer você gostando ou não, com ou sem sua aprovação. Seja inteligente, dê um passo à frente do concorrente, entenda o que o cliente quer e não está conseguindo.

Hoje foi assim, amanhã será diferente. Você precisa estar antenado com as coisas que acontecem ao seu redor, porque o mundo muda o tempo todo.

Mudar é bem diferente de se adaptar. Não estou falando de mudar quem você é, de mudar seus valores e abrir mão das coisas em que acredita. O que estou dizendo é que você precisa ser adaptável, aprender a dançar conforme a música.

Ninguém sobrevive sem ser flexível. Quanto maior for sua capacidade de se adaptar, mais à frente do concorrente você estará.

Pare de reclamar, o mundo não dá a mínima para suas queixas. Resistir às circunstâncias só vai fazer com que as pessoas resistam a você.

Quem precisa de resistência é chuveiro, você precisa é se adaptar!

Resistir não traz dinheiro, só dor de cabeça.

LEI Nº 26

TODO VENCEDOR TEM CICATRIZES

Viver para conquistar seus objetivos é se arriscar o tempo todo. Você não vai fugir disso.

O mundo dos negócios é uma verdadeira selva.

Se você for um *poodle*, não vai durar um minuto, porque *poodles* são criados em apartamentos confortáveis. A realidade da vida não é confortável.

Você tem que ser uma onça-pintada: *impiedosa*. A onça está sempre de olho na presa, esperando o momento perfeito para entrar em ação. A onça não perde tempo, não dá moleza nem abaixa a cabeça.

Se você for menos do que isso, vai ser capturado. O predador não vai ser bacana com você, nem os caçadores vão dar colher de chá.

A onça é capaz de mergulhar, nadar e lutar com um jacaré enorme, definitivamente, para ela não tem tempo ruim. O campo de batalha não importa, o sangue da presa a motiva e as cicatrizes são, invariavelmente, a marca de mais uma vitória.

Se quiser encarar a selva, você não pode ter medo de se machucar. Todo vencedor tem suas cicatrizes, elas fazem parte da jornada.

Se você quer ganhar medalhas, precisa se preparar para competir.

Ninguém vai recompensá-lo por ter sido um cara legal. A vida não vai passar a mão na sua cabeça. Acorda!

Vencer custa muito caro. Custa tempo, suor, noites maldormidas, horas extras, expedientes no fim de semana. A lista é infindável. Se você quer chegar ao topo, tem que pagar o preço.

Se você quer ser um gigante, precisa crescer.

Ninguém conquista nada de mão beijada. A vida não presenteia os preguiçosos. Como diz o conhecido ditado: "Deus ajuda a quem cedo madruga."

Se você acha que vai ser moleza chegar aonde quer, pode esquecer.

Você quer se tornar um gigante? Então esteja preparado. O mercado não é lugar para pessoas mimadas e sonhadoras.

O mercado é para guerreiros determinados a vencer a batalha. Se você não quer se machucar, não entre na arena.

O caminho para o topo é longo e árduo. No mundo dos negócios, a brincadeira é levada muito a sério.

Se você não quer brincar, não desce para o *play*!

LEI Nº 27

SEJA O ARQUITETO DO SEU FUTURO

O seu destino está apenas nas suas mãos. **Você é o responsável por tudo o que faz e deixa de fazer**. Cada passo que você dá o leva para algum lugar; então, se você acha que não está indo na direção correta, mude sua trajetória. **Só depende de você.**

Cada atitude que tomamos traz consequências, nunca se esqueça disso. Uma simples mudança de hábito gera resultados em alguns dias.

Se você tem a sensação de que não está cada dia mais próximo da linha de chegada, pare, refaça seu planejamento e volte à corrida.

Saiba aonde você quer chegar. Se você ainda não sabe, concentre-se em descobrir.

O tempo que se perde indeciso é tempo desperdiçado, e tempo é algo que você jamais deve jogar fora.

Não pense demais, defina uma meta e dê tudo de si para alcançá-la.

Conquistar o futuro desejado é como erguer uma casa. Primeiro, é necessário elaborar o projeto e adquirir os materiais necessários.

Depois vem a fase da execução, em que você se empenha, tijolo por tijolo, para erguer os seus sonhos. Até que, enfim, vive na realidade que construiu dia após dia.

Não se contente com qualquer casinha se você pode construir uma mansão.

Para erguer uma grande construção, não há segredo algum. Tudo começa com uma grande ideia. Aí vem o planejamento, boas estruturas e uma execução excelente. Mas isso só é possível se quem estiver orientando essa obra for um grande arquiteto.

Você é o arquiteto da sua vida.

Cada reta que traça é uma pequena etapa de algo muito maior: a construção do seu futuro. É com trabalho e dedicação diários que você vai edificar o seu amanhã.

TENHO CERTEZA DE QUE VOCÊ NÃO QUER VIVER A VIDA TODA EM UMA CASINHA FURRECA. DO CONTRÁRIO, NÃO TERIA COMPRADO ESTE LIVRO. **GIGANTES MORAM EM MANSÕES, NÃO EM BARRACOS**

É seu futuro que está em jogo.

O projeto é a alma do arquiteto assim como o planejamento é a alma do sucesso empresarial.

LEI Nº 28

SEU SUCESSO PASSADO NÃO DEFINE SEU FUTURO

Eu não sei quem foi que disse que o passado espelha o futuro, mas sei que esse cara errou feio.

O que espelha o futuro é o presente. O esforço e a dedicação que você planta hoje para colher amanhã. Isso, sim, está certo.

Se seu passado foi glorioso, ótimo.

Mas não vai se sentando para descansar, não, porque ainda tem muito a ser feito. O que passou, passou, não importa se a vida foi parceira com você ou se o maltratou.

O que importa é que o amanhã está por vir, e tudo não só pode, como vai mudar.

O mundo muda o tempo todo. A vida muda o tempo todo. Você pisca, e a cotação do dólar cai, os juros aumentam, a inflação sobe e, para facilitar o seu lado, sua esposa liga dizendo que está esperando o segundo filho.

Assim, sem esperar sequer que você termine de adoçar o café, a vida vem trazendo as boas-novas. E você tem que estar preparado, senão o bicho pega.

Não adianta saber as respostas se a vida já mudou as perguntas.

Você tem que ser dinâmico e se adaptar às regras do jogo, que mudam o tempo todo. Acabou a lenga-lenga.

Daqui para a frente, a realidade tende a ficar cada vez mais dinâmica e imprevisível. Esteja antenado para agir o quanto antes e para sair na frente do concorrente.

O que passou ficou lá atrás, você tem que ir para frente. Não importa se foi maravilhoso ou se foi traumático, passou.

Engana-se quem acha que o tempo passa rápido. Ele desistiu desde que inventaram a internet. Hoje em dia, o tempo não passa, ele voa! E voa em um jatinho bem veloz. Você tem que ser o **piloto** desse jato, não o **passageiro**.

LEI Nº 29

NUNCA NEGOCIE COM A PREGUIÇA, ELA SEMPRE GANHA

Só mais cinco minutinhos. Essa é a frase predileta dos derrotados.

Cinco minutos é uma eternidade para quem tem pressa de ser feliz. Quem pensa grande não enxerga detalhes, enxerga oportunidades para fazer e acontecer.

Se você deseja ser bem-sucedido, precisa pensar grande. Tirar sua cabeça da pequenez dos prazeres tolos e se atirar nos mares da conquista.

Talento sem disciplina é tão útil quanto uma peneira furada. O que conta hoje, mais do que talento, é capacidade e preparo. De nada vale seu talento se você não tiver disciplina para desenvolvê-lo.

E disciplina, você já sabe, é organização. É foco, objetividade e praticidade. Nada de enrolação. Talentoso é o Pelé, você é esforçado.

É nessa hora, meu amigo, que as pessoas voltam para a cama. Elas reclamam que queriam ter mais dinheiro, ser mais magras, ter mais saúde, mas não conseguem encarar a realidade de ter que levantar e fazer.

Imagine só, sair do cobertor quentinho para trabalhar, praticar exercícios e preparar uma refeição mais saudável. Que horror!

Horror é o que você vai encontrar daqui a alguns anos se não mudar essa atitude.

Se você ficar negociando com a preguiça, vai ver que ela sempre ganha. Acho surpreendente que algumas pessoas sintam orgulho em contar que passaram o dia dormindo, que simplesmente jogaram um dia de suas vidas fora.

Preguiça só é bacana para gente que não tem objetivos, e você não é essa pessoa.

A vida acontece fora da tão falada zona de conforto.

Por isso, você tem que escolher entre ser bem resolvido e ficar na estagnação, porque os dois, nunca vai ter. Depois não adianta ficar chorando o leite derramado, porque o tempo passa e não volta.

Se você quer ser um gigante, saia correndo da zona de conforto agora mesmo, não é nela que as coisas acontecem!

LEI Nº 30
NÃO CRIE LIMITES PARA SI MESMO

Assim como os grandes atletas não conquistam medalhas e taças por obra do acaso, por sorte ou porque seu ascendente estava alinhado com Saturno, você não vai conquistar um desempenho acima da média por nenhum desses meios.

Desapontei você? Que pena.

Eu trabalho com dados e fatos. Eles são meus amigos porque me mostram o que fazer para conseguir o que quero.

Eles podem ser seus amigos também, mas, para isso, você precisa encarar a realidade e parar de criar obstáculos para si mesmo.

Vai ser legal? Nem um pouco. Legal é o que vem lá na frente, legal é sentir o sabor da vitória. O caminho que leva até ela é cansativo e sinuoso, mas vale a pena. E como vale.

Pare de dar desculpas. Além de enganar as pessoas, você está enganando a si mesmo. E o pior é que está conseguindo cair na sua.

Não crie limites para você mesmo, a vida já é cheia de imprevistos.

Você tem que romper as barreiras que travam você na mesmice, abraçar seus maiores sonhos, abraçar a vida.

Quando fizer isso, vai saber que é capaz de fazer qualquer coisa.

E não há nada tão valioso na vida quanto nos sentirmos capazes. Isso, sim, é que traz felicidade.

Pratique essa quebra de barreiras todos os dias. Levante do sofá e vá à luta. Para desenvolver suas habilidades, você precisa exercitar sua mente. Não espere fazer sol ou virar o mês, comece agora mesmo.

Paciência e perseverança, meu amigo. Tudo na vida se resume a essas duas qualidades. Se você não as tiver, nem adianta começar.

Nada vem rápido nem de graça, todo sucesso tem um custo.

Lembre-se de que só conquista o futuro quem persevera no presente. Você só vai vencer amanhã se não desistir hoje.

Ligue os motores e dispare!

LEI Nº 31

VELHOS HÁBITOS NÃO ABREM NOVAS PORTAS

Se você continuar aí sentado, dando murro em ponta de faca, sua vida não vai mudar.

Toda mudança de vida começa com uma mudança de hábito.

Faça uma análise de você mesmo; o que você vê? Você está satisfeito com quem é?

Se a resposta for sim, *meus parabéns, porque você merece*. Essa é uma vitória difícil de conquistar.

Se a resposta for não, bem, é porque você está fazendo alguma coisa de errado, certo?

Ficou confuso?

Se você deseja ser melhor em algo, precisa mudar seus hábitos e praticar mais, ou mesmo passar a praticar.

Perceber o que está prejudicando você pode ser uma tarefa e tanto.

Uma estratégia que ajuda é fazer uma lista das coisas que gostaria de fazer melhor. Isso vai ajudar você a visualizar melhor os fatores que o deixam insatisfeito consigo mesmo.

Você não acorda e escova os dentes? Não toma banho? Esses são hábitos regulares. Que tal incorporar hábitos que alavancam a sua vida?

O mercado não funciona para pessoas que não têm essa prontidão. Se você quer ser dono da sua vida, precisa ter isso enraizado na sua essência: melhorar a cada dia. Inovar todos os dias.

Se você gosta de estabilidade, saiba que só vai consegui-la se souber seguir em frente mesmo com a falta dela.

Uma das chaves para o sucesso é reinventar-se o tempo todo.

Para isso, você precisa se libertar dos hábitos que o prendem. Afaste-se das pessoas que puxam você para baixo, pare de dar ouvidos ao pessimismo, mande a preguiça ir pastar e estabeleça uma lista de afazeres diários para alcançar os objetivos que deseja alcançar. Só assim você evolui.

Saia do marasmo. Você tem que correr como um rio. Água parada dá dengue.

Quando você tiver um tempinho, leia um dos meus 22 livros, que se chama *Os 50 Hábitos Altamente Eficazes do Vendedor Pit Bull*; vai mudar sua vida.

LEI Nº 32

RECLAME MENOS, AGRADEÇA MAIS

O que mais tem por aí é gente que gosta de reclamar de barriga cheia. Nem preciso dizer que você precisa se afastar dessas pessoas, certo?

Entenda que, quando as coisas dão errado, é porque você está buscando algo.

Se você ficar parado, nada vai dar errado, e não significa que é melhor assim. Se você está encontrando dificuldades em prosseguir, é porque seu referencial de difícil evoluiu e você subiu de nível. Isso é ótimo!

Portanto, quando as coisas estiverem dando errado, agradeça. As bordoadas que a vida dá na gente nos ensinam muito. Esse aprendizado é de um valor imensurável.

Pense que, em outras circunstâncias, a surpresa poderia ter causados mais danos. Mas você teve o privilégio de encarar esse desafio com todas as condições para enfrentá-lo.

Isso sim é o que eu chamo de oportunidade!

Dificuldades vão aparecer o tempo todo, isso é inevitável. Não permita que elas abalem sua fé e vontade de vencer, porque é a partir da superação que adquirimos conhecimento e, mais importante ainda, experiência.

As dificuldades estão aí para separar os fortes dos fracos. Os fortes superam, os fracos desistem.

Em águas rasas, qualquer um sabe nadar, difícil é se virar em alto-mar. É nessas condições que os bons marinheiros aparecem.

Em um dia ensolarado, todos são competentes e eficazes. Contudo, é na tempestade que descobrimos quem está preparado para enfrentar as adversidades e quem estava só posando de sabichão.

Imagine você em pleno alto-mar reclamando do clima... não dá!

Tempo ruim sempre vai ter, não há como evitar.

Você pode se lembrar de fechar as janelas de casa quando sair e levar o guarda-chuva ou ficar reclamando do tempo ruim. Você sabe qual alternativa escolher.

Tá afim de reclamar? Fique à vontade, mas reclame de você para você mesmo. Procure o espelho mais próximo e vá adiante!

Sabedoria é enxergar na dificuldade uma oportunidade para gerar valor e crescimento pessoal e profissional.

LEI Nº 33

APLIQUE OS MELHORES GOLPES DURANTE A LUTA, NÃO DURANTE O TREINO

Um dos recursos mais eficazes de quem entende como os negócios funcionam é **sempre ter uma carta na manga**. Se possível, tenha um Ás. Se não, guarde a melhor carta que puder, porque ela vai servir bem em uma oportunidade de ouro.

Pense como um lutador: se você inventasse um golpe com potencial para mudar drasticamente o rumo de uma luta, você ficaria mostrando como se faz a todo mundo? *É claro que não.*

Porque, apesar de ser um brutamontes, você sabe usar o cérebro, e é essa característica que vai diferenciar você da maioria.

Use as boas estratégias no dia a dia. Treine sozinho e aplique o seu melhor golpe nos momentos decisivos.

É nos últimos minutos, quando a plateia está eufórica, que você precisa fazer a jogada de mestre, mostrar como se vence. Foram momentos assim que definiram as grandes lendas.

Algumas oportunidades são únicas, saiba aproveitá-las.

Para isso, você precisa estar pronto para chocar, para mostrar o melhor que pode ser, para conquistar tudo e para surpreender a todos.

Sorte é quando a oportunidade encontra o preparo.

De nada adianta a vida ser generosa se você não souber o que fazer.

Saber diferenciar uma grande jogada decisiva das demais é simples, basta praticar todos os dias. Você vai desenvolver um olho clínico para os melhores golpes. Lembre-se de aprendê-los!

PRATIQUE O DIFERENTE NO JOGO, É NELE QUE SE DEFINE QUEM **VENCE** E QUEM **PERDE**

É esse *timing* bem calibrado que diferencia os profissionais dos amadores, os que chegarão ao topo dos que ficarão pelo caminho.

Essas grandes batalhas nos ajudam a medir nosso grau de preparo para a vida. Mesmo em casos de insucesso, elas servem de lição para percebermos o que precisamos melhorar. Nunca se esqueça de que um verdadeiro gigante é um eterno aprendiz da vida.

É nesse momento que você surpreende, inova, faz o impossível e deixa todos de queixo caído. Não vacile!

É muito melhor suar no treino do que sangrar em campo. Aprendi essa com o meu amigo Edgar Ueda.

LEI Nº 34

ESCOLHA OS PARCEIROS CERTOS, QUE FARÃO PARTE DA SUA JORNADA

É de suma importância que você tenha amigos ao trilhar o caminho para o sucesso. Dificilmente conquistamos grandes feitos sem a ajuda de fortes aliados ou mesmo de uma boa equipe trabalhando a nosso favor.

É como fazer canoagem: se você contar com um time forte, será mais fácil vencer a competição.

Dê valor às pessoas que apoiaram você durante a sua trajetória, elas valem mais do que qualquer conquista que você possa obter e são mais raras do que qualquer oportunidade. Lembre-se delas quando chegar ao topo.

E muito cuidado com os invejosos de plantão, eles estão sempre de olho nas suas conquistas.

Afaste-se deles o quanto antes, porque deles não vai sair nada de bom, só derrota.

Não espere que eles se afastem por conta própria, porque eles costumam grudar feito carrapatos. Você é que precisa se afastar deles.

Outro motivo de ter bons amigos na sua jornada: eles lembrarão você de quem você é o tempo todo.

Todos temos nossos momentos de fraqueza. Amigo é quem chega nessas horas e coloca você para cima, quem dá uma injeção de bom ânimo para renovar os ares. *Isso é essencial, porque ninguém é feito de ferro.*

Os recalcados, não. Vão fazer de tudo para que você se sinta pior. Sempre da forma mais sorrateira possível.

Formar uma boa equipe é importante para preservar o senso de coletividade. Os membros devem impulsionar uns aos outros o tempo todo. Isso potencializa os resultados do grupo e, consequentemente, os resultados de cada um.

O kit da destruição, formado pelo orgulho, pelo ódio e pela inveja, está sempre por aí, sendo vendido na promoção por malandro metido a esperto. Não compre!

Não se permita olhar para essas pessoas com pena, porque isso vai enfraquecer suas defesas. Essas pessoas não merecem sequer um minuto da sua atenção, muito menos sua consideração.

Mantenha sua mente focada e firme.

Lembre-se de construir uma equipe de pessoas tão bem ou mais preparadas que você.

LEI Nº 35

SEJA FIEL AOS SEUS PRINCÍPIOS DE BATALHA

Inúmeros treinamentos de gestão de negócios e pessoas são baseados em treinamentos militares. Isso porque os princípios militares se aplicam perfeitamente no ambiente das negociações.

Conhecimento, *determinação* e *espírito de equipe* são algumas das características que todos devemos aprender com nossos heróis combatentes.

É muito importante que você se atenha aos seus princípios, porque um vencedor deve ser determinado e esclarecido.

Ser firme quanto às coisas em que acredita não significa resistir a mudanças. Se você fizer isso, será chutado para fora do mercado. Você tem que aprender a ser adaptável, não a mudar quem você é.

Acredite em quem você é. Como as pessoas vão confiar em você se você mesmo não confia?

Toda negociação é baseada em uma frágil estrutura de segurança. Se você hesitar, vai perder a oportunidade de fazer negócio.

Não crie um personagem, as pessoas vão gostar de como você é. Acredite!

SEJA FIEL AOS SEUS PRINCÍPIOS DE BATALHA HONRANDO ESSAS TRÊS CARACTERÍSTICAS: **HUMILDADE**, **SINCERIDADE** E **AMIZADE**

Tenha humildade para que seu ego não seja maior do que a lealdade que tem com as pessoas ao seu redor, que contam com você. Tenha sinceridade para contrariá-las quando for necessário e reforçar a relação de confiança. E tenha amizade, para reafirmar o comprometimento que assumiu com elas.

Se você desenvolver essas virtudes e contar com pessoas fortes e capacitadas como parceiras, vai conquistar o mundo!

Tudo na vida é uma questão de saber o que fazer.

Se você souber quem é e tiver orgulho de si mesmo, tudo será possível, porque o impossível é uma questão de opinião fraca, e você não partilha de opiniões fracas.

Seja fiel aos seus princípios de batalha, e será mais fácil vencer.

LEI Nº 36

SEU CARÁTER É INABALÁVEL

Tem pessoas que mudam conforme o contexto.

Aquele trouxa metido a espertalhão que no trabalho é de um jeito, em família é de outro, com a mulher, um terceiro… O famoso duas caras!

Fico me perguntando como um sujeito assim sabe quem ele realmente é, se conhece a própria essência, porque muda tanto que deve até se perder!

Não estou falando da adaptação necessária ao ambiente, isso é imprescindível, ninguém vai a uma reunião de negócios de regata e chinelo.

Refiro-me às pessoas que mudam completamente de acordo com as intenções e com o que acham que podem conseguir.

Pense na maioria dos políticos, que você entende na hora!

Se você for assim, pode até convencer algumas pessoas, mas a máscara logo cai. Mentira tem perna curta, você já deve ter ouvido isso.

Sua índole é umas das poucas coisas que nunca deve mudar. Seu caráter precisa ser inabalável, não adaptável. Toda flexibilidade tem seus limites. Seus valores são a maior prova de confiança que você pode oferecer, nunca abra mão deles.

A vida nos coloca à prova.

Em tempos de paz, de repente emerge uma grande batalha, e você precisa estar preparado, porque é aí que as pessoas vão ver se você é mesmo o que diz ou se é feito de açúcar.

Mostre a que veio. Respeito não se pede, se conquista. Se você tentar agradar a todos, vai sucumbir do dia para a noite. Ninguém vai respeitar você se torcer para todos os times.

Seja determinando. Tenha sempre em mente seus objetivos e ambições. Cada dia é uma nova aventura, uma nova oportunidade para estar mais perto de onde quer chegar. Nunca feche seus olhos para sua visão.

Você só conseguirá que as pessoas respeitem você se respeitar a elas e a si mesmo. Se você for mole, ninguém vai levar você a sério.

Como você espera que seu potencial seja notado se não tiver ambições e coragem para concretizá-las? O mundo dos negócios é para pessoas sérias. **Não brinque em serviço**.

Você tem que ser flexível como a água, mas seu caráter precisa ser firme como uma rocha.

LEI Nº 37
FRACASSAR É DIFERENTE DE DESISTIR

Você pode ter perdido a batalha, mas não perdeu a guerra.

Lembre-se sempre disso quando o fracasso vier lhe falar ao ouvido: desistir é para os fracos, e você não é nenhum fraco, você é um gigante.

É errando que se aprende, porque só erra quem tenta. Quem fica na frente da TV o dia inteiro nunca comete um erro.

Não desista, o melhor está por vir. As mais belas manhãs são as que vêm depois da madrugada chuvosa.

O fracasso é a peneira que retêm os incompetentes e abre caminho para os perseverantes. Não se deixe abater pela derrota, você tem que ser forte. O fracasso faz parte da vitória.

Reconheça que algumas coisas simplesmente não valem a pena. Desistir delas não é fracasso, é sabedoria.

Não adianta dar murro em ponta de faca.

Seu tempo é precioso, não o desperdice com o que não vai dar resultado.

Persistência é uma habilidade que você precisa cultivar e desenvolver no dia a dia.

O que vem fácil, vai fácil. Se você construir uma casa de papelão, ela vai desmoronar no primeiro vendaval.

Não tem mágica nem truque, é firmeza e disciplina.

Quem consegue tudo de mão beijada não conhece o valor das conquistas e não detêm o aprendizado da trajetória. Essa pessoa não tem preparo nenhum para a vida e vai perder tudo na primeira crise que aparecer, porque não sabe o que tem!

Não há nada tão valioso quanto conquistar as coisas com as próprias mãos. Não espere sentado, porque nada vai cair do céu.

Levante, corra sempre na frente, e nunca atrás, e não desista jamais!

LEI Nº 38

A LEI DO ESPELHO MATINAL

Você é o cara.

Todos os dias, quando você acordar, olhe-se no espelho e diga essa frase para si mesmo.

Esse ritual é o que chamo de a Lei do Espelho Matinal. O objetivo é fazer você despertar seu melhor eu, seu potencial máximo, e fortalecer toda sua autoconfiança para trabalhar a seu favor.

Você é aquilo que você decide que vai ser. A vida é feita de escolhas, e elas só podem ser feitas por você.

Escolha ter um ótimo dia, não permita que seja diferente. Escolha ser um vencedor e pratique vencer; garanto que você será mais feliz.

No início, você pode ficar desconfortável. "Que história é essa de me olhar no espelho e falar que sou o cara?" Mas a ideia é essa mesmo, porque zona de conforto só serve para atrasar você.

Avance, supere esse estranhamento inicial. Se você duvidar disso, continue repetindo até que acredite e consiga internalizar essa verdade, até que ela passe a fazer parte da sua vida.

Você acha que veio ao mundo para sofrer? Claro que não! Sofrimento que pode ser evitado é incompetência!

Amar a si mesmo é de uma importância inestimável. Parece fácil, mas não é. O mundo vai fazer de tudo para convencer você de que não é capaz, e você tem a obrigação de mostrar a todos que estão errados.

A autoconfiança diferencia os bons dos excepcionais. Se não acreditar em você, ninguém mais vai. Não espere que alguém lhe dê tapinhas nas costas para se sentir melhor, isso dificilmente vai acontecer.

Então, se você tiver dúvida em relação às suas capacidades, trate de se convencer imediatamente. Melancolia só funciona em poemas e histórias românticas, a vida real não tem nada de romântico.

Só faz quem acredita.

Se você não tiver autoconfiança, vai ser intimidado pelas adversidades. Você não pode abaixar a cabeça para a ameaça, tem que mostrar a ela que não é qualquer um, tem que ser maior do que ela.

Tudo começa na autoconfiança. Se você duvidar de si mesmo, meu amigo, o mercado vai engolir você. Acredite em quem você é!

Você é gigante!

LEI Nº 39

NÃO TRABALHE PARA SOBREVIVER, MAS PARA VIVER

Sempre achei um erro tratar o trabalho como se fosse um sofrimento, um martírio. Você fica lá resmungando dos problemas e das coisas que precisa resolver e, enquanto isso, a vida está passando.

Você não deve separar o trabalho da sua vida, porque o trabalho é a sua vida. Não confunda isso com viver para trabalhar.

O que estou dizendo é que, gostando ou não, você passa a maior parte do dia trabalhando. *Você pode se sentar e reclamar do que não está agradando você, ou tomar uma atitude e fazer acontecer.*

Não há alternativa.

Tem gente que vive para trabalhar, e há quem trabalhe para viver.

Essa mentalidade de que "ruim é ter que trabalhar" é coisa de gente preguiçosa e incompetente.

Se você quer ser bem-sucedido, é bom começar a gostar do que faz ou fazer o que gosta, ou vai ficar para trás, último da fila.

Trabalhar para pagar as contas e ter uma vida tranquila não vai deixar você mais feliz ou satisfeito.

Levante todos os dias para ser feliz, não para tolerar a existência. Desperte o gigante dentro de você, abrace a vida!

Existem etapas na sua vida em que você vai trabalhar por dinheiro, e outras em que você vai trabalhar para construir um legado e ser útil para o próximo.

Atividade e esforço fazem bem ao corpo, à alma e à mente.

Subir de nível sem abandonar a zona de conforto é impossível. Se você ficar nessa de que "levantar cedo é chato", não adianta reclamar depois, porque a vida cobra, e cobra caro.

A VIDA É AGORA, MEU AMIGO! ELA ACONTECE A TODO INSTANTE. NÃO A DEIXE PASSAR DIANTE DOS SEUS OLHOS

O que você quer ver ao olhar para sua vida? Um cara que ficou o tempo todo no famoso "piloto automático" porque só queria que desse logo a hora de bater o ponto no final do expediente? Isso é frustrante.

Você já se deu conta de que passa muito mais tempo no trabalho do que com as pessoas que ama?

Jamais trabalhe para sobreviver, trabalhe para realizar seus objetivos. *Trabalhe para viver!* Só se vive uma vez, lembre-se sempre disso antes de entrar no piloto automático.

LEI Nº 40

CRIE AS SUAS PRÓPRIAS CONVICÇÕES

Quando você toma uma iniciativa, muitos lhe apontam o dedo duvidando e até dizendo que você não vai conseguir.

Você é taxado de várias coisas: **inocente**, **teimoso** e até **lunático**!

Agir em um mundo em que a maioria se acomoda em um monte de desculpas é ser determinado, não lunático. Essas pessoas são fracassadas e querem que você seja também para que não se sintam tão sozinhas.

Você começa a correr, tropeça, cai, levanta. E repete esse ciclo incansáveis vezes.

E, nesse caminho, muita gente diz que é impossível, que você não vai conseguir. Não dê ouvidos a essas pessoas, continue seguindo em frente, porque alcançar a linha de chegada só depende de você.

Nunca permita que a provocação alheia abale seus planos. Você é maior do que a incapacidade dessas pessoas!

Imagine quando o cara que inventou o avião contou que ele iria voar. Ou quando o cara que inventou o fax disse que iria colocar um papel numa máquina no Brasil e em segundos o papel sairia em outra máquina no Japão. Como você acha que foi a reação?

Poucos acreditarão em suas convicções. Isso não importa, siga adiante.

Siga fazendo aquilo em que acredita. Ninguém pode tirar suas convicções que estão bem sedimentadas em sua mente e seu coração. Se você agir sempre com base nelas, você terá grandes chances de êxito, porque você tem uma característica que os incompetentes invejam demais: **determinação**.

É maravilhoso olhar para trás e ver a estrada que trilhou, que levou a grandes conquistas. Chegar aonde se quer não tem preço.

É nessa hora que os invejosos torcem o nariz e passam a bajular você. Os mesmos que ficaram naquele já famoso sofá enquanto você estava batalhando são os que vão dizer: *Caramba, quanta sorte a sua, hein?!*

Mais uma vez, sorte é quando o preparo encontra a oportunidade. Se você não estiver preparado, não adianta apelar para a sorte.

A chave para o sucesso é sempre ser orientado pelos seus valores e nunca desistir dos seus objetivos.

Tropeçar faz parte, mas, quando você chegar ao topo, vai poder olhar tudo de cima, **como o verdadeiro gigante que você é**.

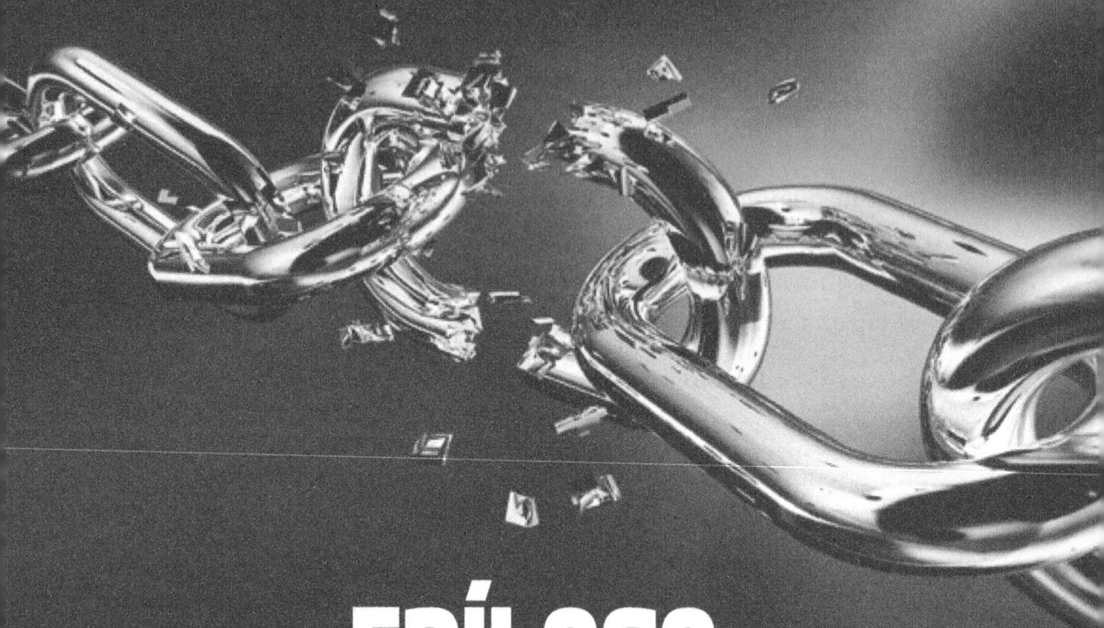

EPÍLOGO

Você acabou de conhecer as **40 Leis do Novo Código da Vida e dos Negócios**. Elas são o roteiro de uma história, da sua história rumo ao sucesso. *Mas é você quem precisa escrevê-la.*

Vimos que não existe conquista sem esforço, então não espere que seja fácil. É através das dificuldades que você vai aprender as lições mais fundamentais para conquistar uma vida de realizações.

Deus coloca adversários cada vez mais desafiantes no seu caminho para que você se torne mais forte.

Só conquista quem tenta, quem vai à luta. Quem gosta de ficar deitado na cama já determinou que sua vida será um grande impasse.

Viva todos os dias para transformar seus sonhos em realidade, para concretizar seus objetivos.

Nada vem de graça. Toda grande conquista requer sacrifício.

Se você não está disposto a abrir mão de certas coisas, de muitas coisas, acostume-se com o que tem, porque não vai conseguir nada.

O que diferencia os fortes dos fracos, os pequenos dos gigantes, é a determinação.

A vida é cheia de surpresas, imprevistos, contratempos, crises, colapsos, e por aí vai.

Se você não souber tomar as rédeas da situação, vai ser engolido pela realidade. Mantenha sempre a cabeça no lugar.

Não permita que seus medos tomem conta de você. Eles estão aí para mostrar a você a presença de um perigo iminente, de um risco, e isso é ótimo.

O medo é seu amigo, ele avisa que algo não está certo, mas é você quem tem que tomar uma decisão. Não deixe que o medo se transforme em pânico, porque ele vai tomar conta da situação por você e vai fazer um estrago enorme.

A crise é uma excelente oportunidade para o desenvolvimento e o aprendizado.

Não desperdice essa grande chance de aprender e crescer reclamando da vida. Não adianta praguejar, porque isso não vai mudar nada. Faça, aja, tome uma atitude!

Você é o mandachuva do pedaço, não permita que o desespero tome seu posto. Cabeça fria e mão na massa!

O caminho para o sucesso é longo, não existe atalho. Esteja preparado e lembre-se sempre de seguir em frente, não importa as condições que a vida lhe impuser.

Se não puder correr, então caminhe, rasteje, não importa. Mas continue sempre seguindo em frente.

Seja o dono da sua vida. Mostre à concorrência que você não está para brincadeira.

Não culpe os outros, seja melhor do que eles. ***Você*** é quem vai escrever a sua história.

Então, vamos à luta agora mesmo!

Acorda, gigante!

OUTROS TÍTULOS DO AUTOR